# 揖保乃糸

毎日食べたいそうめんレシピ

兵庫県手延素麺協同組合　監修

ワニブックス

# はじめに

日本の食卓に欠かせない、手延べそうめん。
手延べそうめんの代名詞ともいえる「揖保乃糸」は、
"播磨の小京都"と呼ばれる、
兵庫県たつの市を中心とした西播磨地域で作られてきました。

専用にブレンドされた小麦粉や赤穂の塩などを使用し、
熟練の職人たちがていねいに作り上げる「揖保乃糸」は、
ソフトでほどよいコシのある食感と、豊かな風味が自慢です。

冷やして、つゆにつけてつるりとシンプルにいただくのはもちろん、
世界中の調味料や食材とも相性抜群。
コンパクトで保存がきき、たった2分でゆであがるのも、嬉しいところ。

本書では、定番のつけそうめんからボリュームたっぷりのぶっかけ、
温かいにゅうめんから変わりそうめんまで、
「揖保乃糸」を1年中楽しめるレシピをご紹介しています。

忙しい人にこそぴったりな、そうめんの奥深さを堪能してください。

# もくじ

## すぐに作れる
## お手軽つけそうめん

## ボリュームたっぷり
## ぶっかけそうめん

## 異国情緒あふれる
## 混ぜそうめん

## 体が温まる
## にゅうめん

## 5 香ばしさがクセになる 炒めそうめん

## 6 可能性広がる 変わりそうめん

### 本書の料理を作る前に

●材料の表記は1カップ= 200㎖ (200cc)、大さじ1= 15㎖ (15cc)、小さじ1= 5㎖ (5cc) です。　●電子レンジの加熱時間は500Wのものを使用した場合です。　●レシピには目安となる分量や調理時間を表記しておりますが、様子を見ながら加減してください。　●「野菜を洗う」「皮をむく」などの基本的な下ごしらえは省略しているものもあります。　●だし汁は、昆布と削り節の合わせだしで作ったものがおすすめですが、お好みのものを使用してください。市販のだしを使用してもかまいません。

〔そうめんを使うコツ〕
●本書のレシピでめんのゆで時間の特別な表記がない場合は、冷たくしていただくものは1分30秒～2分、温かくしていただくものは1分前後が目安ですが、お好みで調整してください。　●そうめんはゆであがってから短時間で仕上げるのがおいしくいただくコツです。　●めんを流水で洗わない場合、そうめんに含まれる塩分を考慮して味付けは控えめにしましょう。
●炒めものを作る際に早くゆですぎた場合は、調理する前にめんを流水でさっとほぐしましょう。

# 本当においしい
# そうめんのゆで方

そうめんをおいしくいただくには、ゆで方も大切な要素。
「ゆで方こそ、そうめんの命」とも言われているそう。
めんのコシと食感をいかす、究極のゆで方を知っておくと、
普段食べているそうめんも、驚くほどおいしくなります。

一、

たっぷりの湯に
パラパラと入れる

そうめんの帯はあらかじめほどい
ておく。大きめの鍋にたっぷりの
湯（2束に湯1ℓが目安）を強火
で沸かし、そうめんをパラパラと
ほぐすようにして入れる。

二、

沸騰するまで
強火でゆでる

めんがくっつかないように箸で軽
くほぐしながら、強火でゆでる。
湯が再度沸いたら、吹きこぼれ
ないように火加減を調整しながら
1分30秒〜2分ゆでる。

三、

流水でしっかり
もみ洗いする。

ゆであがっためんは素早くざるに
あげ、水をかけて粗熱をとる。清
水を流しながら、手でしっかりと
もみ洗いする。ざるに入れたまま
氷水にさっとつけてしめ、水けを
きる。

## 本当においしい めんつゆの作り方

そうめんには、おいしい
めんつゆが欠かせません。
香り豊かなだしにつけていただく
そうめんは絶品です。
ここでは上品な味わいが光る、
めんつゆの作り方を紹介します。

材料（作りやすい分量）

だし昆布 —— 6g
鰹節 —— 20g
水 —— 5カップ
みりん —— 1カップ
しょうゆ —— 3/4カップ

作り方

1 鍋にだし昆布、水を入れて
30分以上おき、弱火にかけ
る。ひと煮立ちする前に昆布
を取り出す。

2 中火にしてみりんを加え、み
りんのアルコールが飛ぶまで
煮立たせる。しょうゆを入れ、
一度火を止めて鰹節を加える。

3 ざるでこして、冷ます。

ふつふつと細かい泡が出て
きたら昆布を取り出す。煮
込みすぎると、ぬめりが出
てきてしまうので注意。

鰹節を入れる際は必ず火を
止めて。雑味がないうえ、
香りが高く上品な味に仕上
がる。

ざるでさっとこしたら、絞ら
ずに箸でおさえる程度に。
絞るとえぐみが出てしまう。

水出しの
だしでも
OK！

1の昆布だしは、水5カップにだし昆布6gを入れ、
冷蔵室で一晩おいて水出ししても同様に作れます。
冷蔵室で2～3日は保つので、ストックしておくと便利。

# 薬味で
# めんつゆの味わいを
# 自由に変える

シンプルにめんつゆだけでいただくのもおいしいですが、薬味をちょい足しすると新鮮な味に変化します。その日の気分に合わせてさっぱりさせたり、まろやかにさせたり。味わいの違いを楽しんでみませんか。

さっぱりといただくならこの組み合わせ

## 基本の薬味めんつゆ

材料（2人分）と作り方

基本のめんつゆ ── 3/4 カップ
みょうが（小口切り）、細ねぎ（小口切り）、
　しょうが（すりおろし）── 各適量

基本のめんつゆに、みょうが、細ねぎ、しょうがを入れる。

まろやかなつゆにオニオンでコクを

## マヨ＆オニオンめんつゆ

材料（2人分）と作り方

基本のめんつゆ ── 3/4 カップ
マヨネーズ ── 小さじ2 ～大さじ1
フライドオニオン、貝割れ大根 ── 各適量

マヨネーズに同量の基本のめんつゆを入れてよく混ぜ、残りのめんつゆを加えて混ぜる。フライドオニオン、貝割れ大根をのせる。

大根おろしに磯の風味をプラス

## あおさおろしめんつゆ

材料（2人分）と作り方

基本のめんつゆ ── 3/4 カップ
大根おろし、あおさ海苔（乾燥）── 各適量
すだち（輪切り）── 6枚

大根おろしと、表示通りに戻したあおさを混ぜる。基本のめんつゆに入れ、すだちをのせる。

# 揖保乃糸の
# 帯の種類

揖保乃糸は、原料となる小麦粉の産地や質、めんの細さ、製造時期などによって等級が分かれています。熟練の製造者にしか作れない希少なものもあります。ぜひ食べ比べてみてください。

## 特級品

選ばれた熟練の製造者により、上質の小麦粉で作られる。贈答用としても人気が高い。
（太さ／めんの長さ）
0.65～0.70mm／19cm
（一束の本数／重量）
約480本／50g
（製造時期）
12月～翌2月

## 縒つむぎ

北海道産小麦だけを使用。めんのつやがよく、もちもちとした食感と小麦本来の味が楽しめる。
（太さ／めんの長さ）
0.70～0.80mm／19cm
（一束の本数／重量）
約400本／50g
（製造時期）
12月～翌3月

## 播州小麦

粘りが持ち味の小麦と弾力のある小麦。二種類の地元産小麦から作られる味わいが特徴。
（太さ／めんの長さ）
0.90～1.10mm／19cm
（一束の本数／重量）
約300本／50g
（製造時期）
11月～翌3月

## 熟成麺

国家資格である「手延製麺技能士」有資格者によって作られる。製造後、倉庫で1年間熟成させる。
（太さ／めんの長さ）
0.70～0.90mm／19cm
（一束の本数／重量）
約400本／50g
（製造時期）
12月～翌3月

## 上級品

全生産量の約80%を占める最も歴史のある帯。伝統製法を生かし、熟成と延ばしを繰り返して作る。
（太さ／めんの長さ）
0.70～0.90mm／19cm
（一束の本数／重量）
約400本／50g
（製造時期）
10月～翌4月

## 三神

製造は組合が選抜指定した数軒の熟練製造者に限定しているため、生産量はごくわずか。
（太さ／めんの長さ）
0.55～0.60mm／19cm
（一束の本数／重量）
約550本／50g
（製造時期）
12月下旬～翌2月

# 1、お手軽つけそうめん

すぐに作れる

定番のそうめんのつけ汁のレシピをご紹介。
あっという間にできあがるものばかりだから、
忙しいときにもぴったり。

冷

梅干しの酸味と海苔の香りが食欲を誘う

# 梅とろつけそうめん

材料（2人分）

そうめん —— 3束

梅干し —— 2個

長いも —— 80g

大葉 —— 2枚

海苔の佃煮 —— 小さじ2

めんつゆ（ストレートタイプ）—— 1/2 カップ

ピーナッツ —— 適量

作り方

1　梅干しは種を除いて細かく叩く。長いもは皮をむいてポリ袋に入れ、めん棒で叩いて細かくする。大葉はせん切りにする。

2　そうめんは表示通りにゆでてざるにあげ、流水でよくもみ洗いする。氷水にさっとつけ、水けをきる。器に盛り、1の大葉をのせる。

3　別の器にめんつゆを入れ、1の梅干し、長芋を加え、海苔の佃煮、砕いたピーナッツをのせる。

メモ　長いもは栄養豊富で食感もよいので、食欲がない日にもぴったり。ポリ袋に入れて叩けば、洗いものを減らせます。

材料（2人分）

そうめん —— 3束
オクラ —— 4本
パプリカ（赤・黄）—— 各1/4個
にんにく —— 1/2片
オリーブオイル —— 大さじ1/2
めんつゆ（ストレートタイプ）—— 1カップ

作り方

**1** オクラは塩適量（分量外）で板ずりをして
さっと水洗いし、斜め3等分に切る。パプ
リカは乱切りにし、にんにくは芽を除く。

**2** フライパンにオリーブオイル、にんにくを入
れて弱火にかけ、香りが立ってきたら**1**のオ
クラ、パプリカを加えて両面を焼く。

**3** 器に**2**を入れて、めんつゆを注ぐ。

**4** そうめんは表示通りにゆでてざるにあげ、
流水でよくもみ洗いする。氷水にさっとつけ、
水けをきり、別の器に盛る。

香ばしく焼き付けた野菜が主役です

# グリル野菜のつけそうめん

冷

メモ

色鮮やかな夏野菜を
にんにくと一緒に焼き付
けて香ばしく仕上げま
す。この香ばしさがア
クセントに。

材料（2人分）

そうめん —— 3束
ミニトマト（赤・黄）—— 各6個
A｜塩 —— 小さじ 1/4
　｜しょうが（すりおろし）—— 小さじ 1/4
　｜オリーブオイル —— 大さじ2
　｜鶏ガラスープの素（顆粒）—— 小さじ2
　｜水 —— 1カップ
生ハム —— 6枚
バジル —— 適量

作り方

**1** ミニトマトはヘタを除いて縦4等分に切り、ボウルに A とともに入れて混ぜ、冷やしておく。

**2** そうめんは表示通りにゆでてざるにあげ、流水でよくもみ洗いする。氷水にさっとつけ、水けをきる。

**3** バジルは飾り用を残して手でちぎり、1に加え、器に入れる。

**4** 別の器に2を盛り、生ハム、飾り用のバジルを添える。

## トマトマリネのつけそうめん

バジルの爽やかな香りが引き立つ洋風そうめん

冷

メモ

トマトとバジルは相性抜群。隠し味に入れた鶏ガラと、生ハムのほどよい塩けが全体の味を引き締めます。

黒ごま香る濃厚スープを
めんにからめていただきます

# 黒ごま担々
# つけそうめん

温

材料（2人分）

そうめん —— 3束
豚ひき肉 —— 100g
A｜みそ —— 大さじ2
　｜めんつゆ（ストレートタイプ）—— 大さじ2
　｜酒 —— 大さじ1
　｜黒すりごま —— 大さじ1
豆乳（成分無調整）—— 1カップ
青梗菜（チンゲンサイ）—— 2枚
ごま油 —— 小さじ2
粉山椒 —— 適量
ラー油 —— 適量

メモ｜家にある調味料で手軽にお店で食べ
　　｜るような濃厚な担々スープが作れます。
　　｜粉山椒とラー油の量はお好みで。

作り方

1 フライパンにごま油を中火で熱し、豚肉を
　炒める。Aを加えてさらに炒める。火を止め、
　豆乳を加えて静かに混ぜ合わせる。

2 そうめんは表示通りにゆでてざるにあげ、
　流水でよくもみ洗いする。氷水にさっとつけ、
　水けをきる。

3 青梗菜は細切りにしてさっとゆで、器にそ
　うめんと一緒に盛る。

4 別の器に1を入れ、粉山椒をふってラー油
　を回しかける。

生のニラを薬味のようにたっぷりとのせて

# ニラ香る豚肉大根つけそうめん

温

材料（2人分）

そうめん —— 3束
豚バラ薄切り肉 —— 100g
大根 —— 100g
A｜水 —— 1カップ
　｜みりん —— 大さじ1
　｜めんつゆ（ストレートタイプ） —— 3/4カップ
ニラ —— 20g
糸唐辛子 —— 適宜

メモ　熱々のつけ汁にニラを加えるとふわっと香りが立って、アクセントに。肉の旨みが染み込んだ大根はほっとする味わい。

作り方

1　豚肉は一口大に切り、大根は5mm厚さのいちょう切りにする。

2　テフロン加工のフライパンに豚肉を入れて中火で炒める。脂がじんわりと出てきたら大根を加えてさっと炒め、Aを順に加えてふたをし、弱火で約5分煮る。

3　そうめんは表示通りにゆでてざるにあげ、流水でよくもみ洗いする。氷水にさっとつけ、水けをきる。器に盛り、ざく切りにしたニラを添える。

4　別の器に2を入れ、好みで糸唐辛子をのせる。熱いうちにニラを加えていただく。

材料（2人分）

そうめん —— 3束

鶏もも肉 —— 1/2 枚

A｜ プレーンヨーグルト —— 80g
　｜ にんにく（すりおろし）、しょうが（すりおろし）
　｜ —— 各小さじ2
　｜ カレー粉 —— 大さじ1
　｜ 塩 —— 小さじ 1/3

玉ねぎ —— 1/2 個

トマト —— 1個

バター —— 10g

水 —— 1カップ

コンソメスープの素（固形）—— 1/2 個

トマトケチャップ —— 大さじ 1/2

セロリ、サニーレタス —— 各適量

トマトスパイスカレーの
つけそうめん

バターのコクを
きかせた香り豊かな一品

温

作り方

1 鶏肉は一口大に切り、混ぜ合わせたAをもみ込んで約20分おく。

2 玉ねぎはみじん切り、トマトはざく切りにする。セロリはせん切りにする。

3 厚手の鍋にバターを入れて中火にかけ、2の玉ねぎを加えて炒める。玉ねぎが透き通ってきたら1を汁ごと加え、トマト、水を加える。ふたをして弱火で約5分煮込み、スープの素、トマトケチャップを加える。器に盛り、セロリを添える。

4 そうめんは表示通りにゆでてざるにあげ、流水でよくもみ洗いする。氷水にさっとつけ、水けをきり、サニーレタスとともに別の器に盛る。

メモ ヨーグルトをもみ込んだ鶏肉は少ない煮込み時間でもほろほろに。スパイシーな香りはそうめんと好相性。

えのきと塩昆布の旨みがだしがわり

# えのき蒸し昆布つけそうめん

材料（2人分）

そうめん —— 3束
えのき —— 150g
長ねぎ —— 5cm
塩昆布 —— 20g
みりん —— 大さじ1
水 —— 1と1/2カップ
せり —— 適宜

作り方

**1** えのきは根元を切り落とし、3等分に切る。長ねぎはみじん切りにする。

**2** フライパンに、1、塩昆布、みりんを入れて中火にかける。ふたをして約3分蒸し焼きにし、水を加える。煮立ったらさらに約2分弱火で煮て火を止め、器に入れる。

**3** そうめんは表示通りにゆでてざるにあげ、流水でよくもみ洗いする。氷水にさっとつけ、水けをきり、別の器に盛る。好みでざく切りにしたせりをのせる。

メモ

風味豊かなえのきと、旨みが凝縮された塩昆布を使えば、だし汁やめんつゆいらず。みりんで甘みをプラス。

## サンラータン風つけそうめん

酸っぱ辛いスープがクセになる

温

**材料（2人分）**

そうめん —— 3束
豚こま切れ肉 —— 100g
しいたけ —— 2枚
卵 —— 1個
鶏ガラスープの素（顆粒）—— 小さじ2
水 —— 1と1/2カップ
ポン酢しょうゆ —— 大さじ2
片栗粉 —— 大さじ1/2
食べるラー油（市販）—— 適量
三つ葉 —— 適宜

メモ　酸味と辛みが好バランスな中華料理の
定番スープ。ポン酢しょうゆを使えば、
手軽に本格的な味に早変わり。

**作り方**

1　しいたけは軸を切り落として薄切にする。

2　鍋に鶏ガラスープの素、水を入れて中火に
かけ、煮立ったら、1、豚肉を加えて約3分
煮る。ポン酢しょうゆを加え、煮立ったら
水大さじ1（分量外）で溶いた片栗粉を加
えて混ぜ、とろみをつける。溶きほぐした卵
を加えて、ひと煮立ちしたら、器に入れる。

3　そうめんは表示通りにゆでてざるにあげ、
流水でよくもみ洗いする。氷水にさっとつけ、
水けをきる。別の器に盛り、食べるラー油
を添え、好みで三つ葉を添える。

材料（2人分）

そうめん —— 3束

ブロッコリー —— 100g

ツナ缶（オイル漬け・フレークタイプ）
　　　—— 1缶（約70g）

水 —— 3/4カップ

塩 —— ふたつまみ

牛乳 —— 1カップ

コンソメスープの素（固形）—— 1個

ピンクペッパー —— 適宜

作り方

1　ブロッコリーは小さめの小房に分ける。

2　小鍋に1、水、塩を入れて中火にかけ、ひと煮立ちしたらふたをして弱火でブロッコリーがやわらかくなるまで約10分煮る。木べらなどでつぶして細かくする。

3　ツナ缶を缶汁ごと加え、牛乳、スープの素を加える。煮立つ寸前で火を止め、器に入れる。

4　そうめんは表示通りにゆでてざるにあげ、流水でよくもみ洗いする。氷水にさっとつけ、水けをきり、別の器に盛る。好みでピンクペッパーをふる。

メモ　ブロッコリーはつぶして細かくすることでよくめんにからみます。ツナは旨みが染み出た缶汁ごと入れます。

野菜の自然な甘みが嬉しいまろやかなスープ

ブロッコリーの
クリーミーつけそうめん

温

生クリームとトマトソースでまろやかに

# ロゼクリームつけそうめん

材料（2人分）

そうめん —— 3束
ハム —— 4枚
香菜 —— 適宜
コチュジャン —— 小さじ1
粉唐辛子 —— 適量
パスタ用トマトソース（市販）—— 150g
生クリーム —— 1/2 カップ

作り方

1 ハムは半分に切って1cm幅に切る。

2 ボウルにコチュジャン、粉唐辛子を入れて混ぜ、トマトソース、生クリームを加えてさらに混ぜる。器に入れ、好みで粉唐辛子をふる。

3 そうめんは表示通りにゆでてざるにあげ、流水でよくもみ洗いする。氷水にさっとつけ、水けをきる。別の器に盛り、1と、好みで香菜を添える。

メモ

ロゼ色＝ばら色に仕立てた、韓国発祥のメニュー。粉唐辛子は辛さ控えめなので、一味で代用する場合は少なめに加えて。

材料（2人分）

そうめん —— 3束
海老 —— 4尾
A｜酒 —— 小さじ1
　｜塩 —— ふたつまみ
細ねぎ、長ねぎ —— 各適量
にんにく（薄切り）—— 1/2 片分
ごま油 —— 小さじ2
だし汁 —— 2カップ
みそ —— 大さじ2
片栗粉 —— 小さじ2

作り方

**1** 海老は殻をむいて尾を除く。縦半分に切って背ワタを除く。Aを順にふって約5分おき、さっと洗う。

**2** 細ねぎは小口切りにし、長ねぎは斜め薄切りにする。

**3** フライパンにごま油、にんにくを入れて弱火にかけ、香りが立ってきたら1を加えて中火でさっと炒め、だし汁を加える。ひと煮立ちしたら、火を弱めてみそを溶き入れ、水大さじ1（分量外）で溶いた片栗粉を加えて混ぜ、とろみをつける。器に入れる。

**4** そうめんは表示通りにゆでてざるにあげ、流水でよくもみ洗いする。氷水にさっとつけ、水けをきって器に盛り、2を添える。

口いっぱいに広がる
海老の香りがたまりません

# 海老のみそ味
# つけそうめん

温

メ
モ

炒めた海老にだしを合わせて風味を移します。とろみをつけることでめんに味がからみやすくなります。

材料（2人分）

そうめん —— 3束
レモン（ノーワックスのもの）—— 1個
鶏ささみ肉 —— 2本
酒 —— 小さじ2
塩 —— ふたつまみ
春菊 —— 適量
鶏ガラスープの素（顆粒）—— 小さじ2
水 —— 1カップ

作り方

1　レモンは横半分に切ってから輪切りを2枚
　　分とっておく。残りのレモンはボウルに汁を
　　絞る。皮の部分を適量すりおろして加える。

2　1のボウルに鶏ガラスープの素、水を加えて
　　混ぜ、冷やしておく。

3　耐熱皿に鶏肉を並べ、酒、塩をふりかける。
　　ふんわりとラップをかけ、電子レンジで2分
　　加熱する。粗熱がとれたら一口大に手でさく。

4　そうめんは表示通りにゆでてざるにあげ、
　　流水でよくもみ洗いする。氷水にさっとつけ、
　　水けをきる。器に盛り、3、葉の部分を摘
　　んだ春菊を添える。

5　別の器に2を入れ、レモンの輪切りを加え
　　る。

# レモンつけそうめん

爽やかなレモンの酸味と春菊の苦みが相性抜群

冷

メモ

レモンのキリッと爽やかな酸味をより引き立てるため、汁はしっかりと冷やしておきます。

23

材料（2人分）

そうめん —— 3束
A│海藻サラダ（乾燥）—— 3g
 │水 —— 1と1/2カップ
ザーサイ（市販）—— 30g
にんじん —— 30g
鶏ガラスープの素（顆粒）—— 小さじ2
片栗粉 —— 大さじ1/2
塩 —— 適量
ごま油 —— 小さじ1
三つ葉 —— 適宜

作り方

1 ボウルにAを入れて海藻サラダを戻し、ざるにあげる（戻した水はとっておく）。

2 ザーサイ、にんじんは細切りにする。

3 小鍋に1の戻した水を入れて中火にかけ、2、鶏ガラスープの素を加えて混ぜる。ひと煮立ちしたら水大さじ1（分量外）で溶いた片栗粉を加えて混ぜ、とろみをつけ、塩で味をととのえる。器に入れて1の海藻サラダを加え、ごま油を回しかける。

4 そうめんは表示通りにゆでてざるにあげ、流水でよくもみ洗いする。氷水にさっとつけ、水けをきって別の器に盛り、好みで三つ葉を添える。

たっぷりの海藻を
ごま油×ザーサイで中華味に

中華風わかめスープ
つけそうめん

温

メモ

海藻を戻した水を汁に活用すると、味に深みが出ます。ザーサイの絶妙な塩けがおいしさのポイント。

# 2、

ボリュームたっぷり

# ぶっかけそうめん

ランチなら
これ一皿で大満足。
肉や魚を野菜と一緒に
バランスよく食べられます。

定番のしらすと卵の組み合わせにチーズを散らしておしゃれに

# 釜揚げしらすそうめん

材料（2人分）

そうめん —— 3束
しらす干し —— 40g
グリーンアスパラガス —— 3本
バター —— 10g
半熟ゆで卵 —— 1個
シュレッドチーズ —— 適量
めんつゆ（ストレートタイプ）
—— 3/4 カップ
水 —— 1と1/2 カップ

**下準備** ————————

めんつゆと水を混ぜ合わせて
冷やしておく。

作り方

**1** グリーンアスパラガスは根元のかたい部分を切り落とし、はかまを除いて1cm幅の斜め切りにする。

**2** フライパンにバターを入れて弱火で熱し、1を1〜2分焼き、火を止めてしらす干しを加えて混ぜる。

**3** そうめんは表示通りにゆでてざるにあげ、流水でよくもみ洗いする。氷水にさっとつけ、水けをきって器に盛る。

**4** 3に2と半分に切ったゆで卵をのせ、チーズを散らして冷やしておいたつゆをかける。

メモ　定番のしらすにチーズを加えると、コクが出て満足感アップ。アスパラの食感も◎。

刺身があれば作れる韓国の名物料理

冷

# ムルフェ風そうめん

材料（2人分）

そうめん —— 3束

鯛の刺身 —— 8切れ

レタス —— 1枚

にんじん —— 20g

A｜鶏ガラスープの素（顆粒）—— 小さじ2
　｜ナンプラー —— 大さじ1
　｜水 —— 2と1/2カップ
　｜コチュジャン —— 小さじ2
　｜砂糖 —— 小さじ1
　｜にんにく（すりおろし）—— 小さじ1/4

塩 —— 少々

白いりごま —— 適量

ごま油 —— 適量

作り方

1 鯛は塩をふって約10分冷蔵室においてから汁けを拭く。レタス、にんじんはせん切りにする。

2 小鍋にAを入れて混ぜ合わせ、中火にかける。ひと煮立ちしたら鍋ごと氷水で冷やす。

3 そうめんは表示通りにゆでてざるにあげ、流水でよくもみ洗いする。氷水にさっとつけ、水けをきって器に盛る。

4 3に、1をのせて2のつゆをかける。白ごまをふり、ごま油を回しかける。

メモ　ムルフェとは、韓国の名物料理。コチュジャンベースの甘辛いつゆに刺身や野菜を入れていただきます。

材料（2人分）

そうめん —— 3束
サバ缶（水煮）—— 1缶（約200g）
三つ葉 —— 20g
白菜キムチ —— 50g
鶏ガラスープの素（顆粒）—— 小さじ1
水 —— 2と1/2カップ

## 下準備

鶏ガラスープの素と水を混ぜ合わせ
て冷やしておく。

※鶏ガラスープの素が水で溶けない場合は、
少量の湯で溶いてから水と混ぜて冷やす。

作り方

1 ボウルに缶汁を軽くきったサバ、ざく切りに
した三つ葉を入れて和える。

2 キムチは細かく刻み、冷やしておいたつゆ
に加えて混ぜる。

3 そうめんは表示通りにゆでてざるにあげ、
流水でよくもみ洗いする。氷水にさっとつけ、
水けをきって器に盛る。

4 3に1をのせ、2のつゆをかける。

ヘルシーそうめん

具材は火を使わず作れる

# サバ缶のピリ辛
# ぶっかけそうめん

冷

メモ

缶詰を使って気軽に作れるメニュー。サバのクセをキムチがカバーしてくれるのでより食べやすい。

とろりとしたなすが主役。いくらで色どり鮮やか

# とろーりなすのぶっかけそうめん

材料（2人分）

そうめん —— 3束
なす —— 2本（約200g）
いくら —— 大さじ2
A｜めんつゆ（ストレートタイプ）—— 3/4カップ
　｜水 —— 1と1/2カップ
　｜しょうがの絞り汁 —— 小さじ1

**下準備** ————

Aを混ぜ合わせて冷やしておく。

作り方

1 なすは皮をむいて、1本ずつラップで二重
　に包み、電子レンジで3分加熱する。ラップ
　で包んだ状態のまま氷水に入れ、冷やす。
　粗熱がとれたら縦に食べやすい大きさに手で
　さく。

2 そうめんは表示通りにゆでてざるにあげ、
　流水でよくもみ洗いする。氷水にさっとつけ、
　水けをきって器に盛る。

3 2に1のなす、いくらを順にのせ、冷やして
　おいたつゆをかける。

メ｜なすはラップで包んでレンジ加熱する
モ｜と、とろりとした食感に仕上がってつ
　｜ゆの味が染み込みやすくなります。

材料（2人分）

そうめん —— 3束

豚肉（しょうが焼き用）—— 4枚

A ┌ めんつゆ（ストレートタイプ）
　│　　—— 大さじ4
　│ しょうが（すりおろし）—— 小さじ1/2
　│ みりん —— 大さじ1
　└ 砂糖 —— 小さじ1

ししとう —— 6本

サラダ油 —— 適量

B ┌ めんつゆ（ストレートタイプ）—— 3/4カップ
　└ 水 —— 1と1/2カップ

しょうが（すりおろし）—— 適量

**下準備** ———————————

Bを混ぜ合わせて冷やしておく。

作り方

1 豚肉は一口大に切り、混ぜ合わせたAをからめて約5分おく。

2 そうめんは表示通りにゆでてざるにあげ、流水でよくもみ洗いする。氷水にさっとつけ、水けをきって器に盛る。

3 フライパンにサラダ油を中火で熱し、ししとうを焼く。焼き色がついたら取り出して、続けて1を汁ごと火が通るまで焼き、ともに2にのせる。

4 3に冷やしておいたつゆをかけ、しょうがをのせる。

┌─────────────────────
│ **メモ**
│ しょうがとししとうのほどよい辛みが、こってりとした豚肉をより引き立てます。つゆはめんつゆでシンプルに。
└─────────────────────

冷

甘じょっぱい豚肉は
食べ応え抜群

# 豚しょうが焼きの
# こってりそうめん

# とり天ぶっかけそうめん

材料 (2人分)

そうめん —— 3束
鶏むね肉 —— 1枚 (約250g)
めんつゆ (下味用・ストレートタイプ)
　　—— 大さじ2
溶き卵 —— 1/2個分
ラディッシュ —— 4個
きゅうり —— 1/4本
片栗粉 —— 大さじ3
サラダ油 —— 適量
めんつゆ (ストレートタイプ) —— 3/4カップ
水 —— 1と1/2カップ

**下準備** ————

めんつゆと水を混ぜ合わせて
冷やしておく。

作り方

1 鶏肉はそぎ切りにして下味用のめんつゆをからめ、約10分おく。溶き卵をもみ込み、片栗粉を加えて混ぜる。

2 フライパンにサラダ油を1〜2cm高さになるように注いで中火にかけ、1をこんがりと揚げ焼きにして油をきる。

3 ラディッシュときゅうりは薄い輪切りにする。

4 そうめんは表示通りにゆでてざるにあげ、流水でよくもみ洗いする。氷水にさっとつけ、水けをきって器に盛る。

5 4に2をのせ、冷やしておいたつゆをかけ、3の野菜をのせる。

メモ とり天は揚げ焼きにすれば、少ない油で作れます。いつでも食べたくなる定番の味だからこそ気軽に。

31

# カリカリ豚の
# ぶっかけそうめん

味付けはシンプルにして
豚肉の旨みを引き立てて

冷

材料（2人分）

そうめん —— 3束
豚肩ロース肉（しゃぶしゃぶ用）—— 100g
ほうれん草 —— 90g
めんつゆ（ストレートタイプ）—— 3/4 カップ
水 —— 1と1/2 カップ
塩 —— 少々

## 下準備

めんつゆと水を混ぜ合わせて冷やしておく。

## 作り方

1　ほうれん草は3cm長さに切る。

2　テフロン加工のフライパンに豚肉を広げ入れて塩
　をふり、中火にかけて両面がカリッとなるまで焼い
　たら取り出し、豚肉から出た脂で1をさっと炒める。

3　そうめんは表示通りにゆでてざるにあげ、流水で
　よくもみ洗いする。氷水にさっとつけ、水けをきっ
　て器に盛る。

4　3に2の豚肉とほうれん草をのせ、冷やしておい
　たつゆをかける。

メモ

油をひかずに豚肉を焼
いて、カリッと焼き上
げます。そうめんとの
食感のコントラストを
楽しんで。

冷

塩麹で味付けした納豆の新鮮な食感を堪能

# 塩納豆のぶっかけそうめん

材料（2人分）

そうめん —— 3束
納豆 —— 2パック
塩麹 —— 小さじ4
ブロッコリースーパースプラウト —— 適量
めんつゆ（ストレートタイプ）—— 3/4カップ
水 —— 1と1/2カップ

**下準備**

めんつゆと水を混ぜ合わせて冷やし
ておく。

作り方

1 納豆と塩麹を混ぜ合わせる。

2 そうめんは表示通りにゆでてざるにあげ、
流水でよくもみ洗いする。氷水にさっとつけ、
水けをきって器に盛る。

3 2にブロッコリースプラウト、1をのせ、冷や
しておいたつゆをかける。

メモ 納豆は付属のたれではなく塩麹で味
付けすると豆の香りが際立つうえ、舌
触りも変わります。夏の暑い日にどうぞ。

澄んだスープと一緒に味わいます

# くずし豆腐のスープたっぷり
# ぶっかけそうめん

冷

## 材料（2人分）

そうめん —— 3束
木綿豆腐 —— 200g
トマト —— 1個
ベビーリーフ —— 適量
しょうが —— 10g
鶏ガラスープの素（顆粒）—— 小さじ2
水 —— 300mℓ
オリーブオイル —— 大さじ2

### 下準備

鶏ガラスープの素と水を混ぜ合わせて冷やしておく。
※鶏ガラスープの素が水で溶けない場合は、少量の湯で溶いてから水と混ぜて冷やす。

## 作り方

**1** 豆腐は小さめの一口大に手でちぎり、トマトは乱切りにする。混ぜ合わせておいたスープに加えて冷やす。

**2** そうめんは表示通りにゆでてざるにあげ、流水でよくもみ洗いする。氷水にさっとつけ、水けをきって器に盛る。

**3** 2に1をかけ、ベビーリーフ、せん切りにしたしょうがをのせる。仕上げにオリーブオイルを回しかける。

メモ　たっぷりの豆腐を鶏だしの旨みと合わせていただく一品。仕上げのオリーブオイルでコクと風味を足します。

# 3、混ぜそうめん

異国情緒あふれる

――韓国やタイ、ハワイなど、
外国の定番の味をアレンジしたレシピをご紹介。
まるで旅している気分になるかも。

材料（2人分）

そうめん ── 3束

鶏むね肉 ── 200g

A｜しょうが（すりおろし）── 小さじ1
　｜にんにく（すりおろし）── 小さじ1/2
　｜しょうゆ、めんつゆ（ストレートタイプ）
　｜　　── 各大さじ2
　｜砂糖 ── 大さじ1/2
　｜花山椒（粉）── 小さじ1/4

水菜 ── 適量

ピーナッツ ── 適量

塩 ── 小さじ1/4

酒 ── 大さじ1

作り方

**1** 鶏肉は塩をまぶして約5分おく。鍋に入れてかぶるくらいの水（分量外）、酒を加えて中火にかける。ひと煮立ちしたら火を弱め、約5分煮て火を止める。そのままおいて冷めたら鶏肉を取り出し、食べやすい大きさにそぎ切りにする。

**2** そうめんは表示通りにゆでてざるにあげ、流水でよくもみ洗いし、水けをきって器に盛る。

**3** 2に1、水菜をのせ、よく混ぜ合わせたAをかけ、砕いたピーナッツを散らす。

冷

花山椒香るピリ辛だれが
クセになる

# よだれ鶏の混ぜそうめん

メモ

あとを引くピリ辛味が人気の中華料理をアレンジ。鶏肉は鍋の中でそのまま冷ますと、しっとりと仕上がります。

クセのある高菜の風味がアクセント

冷

# 高菜の混ぜそうめん

材料（2人分）

そうめん —— 3束
高菜漬け —— 30g
ベーコン —— 2枚
白いりごま —— 適量
細ねぎ（小口切り）—— 適量
かつお節 —— 適量
A｜ごま油、ぽん酢しょうゆ —— 各大さじ1

作り方

1 ベーコンは1cm幅に切る。フライパンに入れて弱火にかけ、じっくり火を通してカリッとさせる。

2 そうめんは表示通りにゆでてざるにあげ、流水でよくもみ洗いする。水けをきってからボウルに入れ、高菜、白ごまを加えて混ぜて器に盛る。

3 2に1、かつお節をのせ、細ねぎを散らす。混ぜ合わせたAをかける。

メモ　高菜漬けとベーコンの脂は相性抜群。ベーコンは弱火でじっくり火を通してください。

甘辛ミンチと卵黄を混ぜる名古屋のソウルフード

# 台湾風混ぜそうめん  冷

メモ

甘辛く味付けしたひき肉「台湾ミンチ」を卵黄や生のニラなどと混ぜ合わせて食べる汁なしめんです。

材料（2人分）

そうめん —— 3束
ニラ —— 40g
豚ひき肉 —— 150g
A 赤唐辛子（輪切り）—— 1本分
　 酒 —— 大さじ2
　 オイスターソース —— 大さじ1と1/2
　 しょうゆ、砂糖 —— 各小さじ1
　 鶏ガラスープの素（顆粒）—— 小さじ2
　 水 —— 3/4カップ
卵黄 —— 2個分
サラダ油 —— 小さじ1
豆板醤 —— 小さじ1
ごま油 —— 小さじ2

作り方

1　ニラは1cm幅に切る。

2　フライパンにサラダ油、豆板醤を入れて弱火にかける。香りが立ってきたら豚肉を加えて炒める。肉の色が変わったらAを加えて混ぜ合わせ、ときどき混ぜながら約5分煮詰める。火からおろし、粗熱をとる。

3　そうめんは表示通りにゆでてざるにあげ、流水でよくもみ洗いする。水けをきってからごま油をからめて器に盛る。

4　3に、1、2、卵黄をのせる。よく混ぜ合わせていただく。

コチュジャンの辛みで食が進みます

# ビビンそうめん 冷

## 材料（2人分）

そうめん ── 2束
ツナ缶（オイル漬け・ファンシー）
　── 1缶（約90g）
きゅうり ── 1/2本
ゆで卵 ── 1個
韓国海苔 ── 適量
A｜コチュジャン ── 大さじ1
　｜白すりごま ── 小さじ1
　｜砂糖、酢、しょうゆ ── 各大さじ1/2
　｜ごま油 ── 大さじ1

## 作り方

**1** ツナ缶は缶汁をよくきる。きゅうりはせん切りにする。ゆで卵は輪切りにする。

**2** ボウルにAを順に入れて混ぜ合わせる。

**3** そうめんは表示通りにゆでてざるにあげ、流水でよくもみ洗いし、水けをきる。**2**に入れ、混ぜ合わせて、器に盛る。

**4** **3**に**1**、ちぎった韓国海苔をのせる。

### メモ

ツナや卵など栄養豊富な具をのせて満足度の高い一品に。コチュジャンとごま油で韓国の味を再現します。

# ガンバンそうめん 冷

野菜の食感がポイント。
台湾の人気レストランの定番メニュー

## 材料（2人分）

そうめん —— 3束
焼き豚（市販）—— 80g
豆苗 —— 適量
豆もやし —— 60g
A | しょうゆ —— 大さじ2
　 | ねぎ油（市販）—— 大さじ1
　 | ※ねぎ油がない場合はサラダ油で代用可。
　 | 砂糖、かつお粉 —— 各小さじ2
　 | 粉山椒 —— 適量

## 作り方

1 焼き豚は細切りにし、豆苗は根元を切り落として長さを半分に切る。豆もやしは好みのかたさになるまでさっとゆでる。

2 そうめんは表示通りにゆでてざるにあげ、流水でよくもみ洗いし、水けをきって器に盛る。

3 2に1をのせ、混ぜ合わせたAをかける。

メモ

焼き豚の甘みと旨みが、
そうめんと相性抜群。
小気味よい食感の豆苗
や豆もやしと合わせて
混ぜていただきます。

材料（2人分）

そうめん ── 2束
たらこ（薄皮を除いたもの）── 90g
卵黄 ── 2個分
牛乳 ── 3/4 カップ
パルメザンチーズ（粉末）── 大さじ1
バター ── 20g
粗びき黒こしょう ── 適量

作り方

1　そうめんは表示時間より少し短めにゆでて
　ざるにあげ、流水でよくもみ洗いし、水けを
　きる。

2　ボウルにたらこ、卵黄を入れてよく混ぜる。
　牛乳を少しずつ加えてそのつど混ぜ、チー
　ズを加えてさらに混ぜる。

3　フライパンにバターを入れて弱火にかけ、バ
　ターが溶けたら1を加えてからめるように混
　ぜる。火を止めて2を加え、再度弱火にか
　けて好みのとろみになるように混ぜながら火
　を通す。

4　器に3を盛り、黒こしょうをふる。

バターを使うことで生クリームなしでもコクのある味わい

たらこカルボナーラそうめん

温

メモ

卵に火を通しすぎないことが上手に作
るコツ。そうめんにバターをからめて
豊かな口当たりに仕上げましょう。

41

タイの春雨サラダをアレンジ

# タイ風混ぜそうめん 冷

材料（2人分）

そうめん —— 2束
海老 —— 6尾
紫玉ねぎ —— 1/4個
赤パプリカ —— 1/8個
細ねぎ —— 5本
A ｜ めんつゆ（ストレートタイプ）—— 大さじ2
　｜ ナンプラー —— 大さじ1
　｜ 砂糖 —— 小さじ1
　｜ 赤唐辛子（輪切り）—— 1本分
ライム（くし形切り）—— 2切れ
サニーレタス —— 適量
ピスタチオ —— 3〜4粒

作り方

1 海老は殻をむいて尾と背ワタを除き、ゆでる。

2 紫玉ねぎは縦薄切りにし、パプリカは細切りにする。細ねぎは4cm長さに切る。

3 そうめんは表示通りにゆでてざるにあげ、流水でよくもみ洗いする。水けをきってボウルに入れ、混ぜ合わせたAを加えて混ぜる。1、2を加えてさらに混ぜ、サニーレタスと一緒に器に盛る。

4 3にライムを添え、砕いたピスタチオを散らす。

メモ　仕上げのライムでより現地風の味付けに。ピスタチオの代わりにピーナッツでもおいしく作れます。

タルタルソースにだしを香らせて上品に 冷

# スパムとタルタルソースの混ぜめん

材料 ( 2 人分 )

そうめん —— 3 束

スパム —— 100g

ゆで卵 —— 1 個

キャベツ —— 1 枚

A 酢 —— 小さじ 2

　マヨネーズ、めんつゆ (ストレートタイプ)
　　—— 各大さじ 2

　塩 —— 少々

パセリ (みじん切り) —— 適量

メモ　タルタルソースにめんつゆを合わせ
　　ると、そうめんに合う味に。タルタ
　　ルソースは市販のものでも OK。

作り方

1 ボウルに殻をむいたゆで卵を入れてざっくり
とつぶし、A を順に加えて混ぜる。

2 スパムは 1 cm 角の棒状に切り、テフロン加
工のフライパンで両面に焼き色がつくまで中
火で焼く。キャベツは 1 cm 角に切る。

3 そうめんは表示通りにゆでてざるにあげ、
流水でよくもみ洗いし、水けをきって器に盛
る。

4 3 に 2 とパセリをのせ、1 をかける。よく混
ぜ合わせていただく。

材料（2人分）

そうめん —— 3束
豚肩ロース薄切り肉 —— 80g
せり —— 適量
酒 —— 小さじ1
バター —— 20g
赤しそふりかけ —— 小さじ2

下準備 ——————

バターは2等分にして室温
に戻しておく。

作り方

1　せりはざく切りにする。

2　そうめんは表示通りにゆでてざるにあげ、
　　流水でよくもみ洗いする。水けをきって1と
　　混ぜ合わせ、器に盛る。

3　豚肉は一口大に切って耐熱皿にのせ、酒を
　　ふりかけてラップをし、電子レンジで1分
　　30秒加熱する。

4　2に3を汁ごと加え、バター、赤しそふりか
　　けをのせる。豚肉が熱いうちによく混ぜる。

メモ　赤しそふりかけが味の決め手。バタ
　　　ーと一緒にめんの上にのせて、豚肉
　　　が熱いうちに混ぜていただきます。

バターと赤しそふりかけの相性が抜群！

蒸し豚の赤しそふりかけ
バターそうめん

温

## アヒポキ混ぜそうめん

ハワイの名物をのせてカフェ風メニューに

冷

メモ

ハワイ語でアヒはマグロ、ポキは切り身という意味。まぐろは漬け込んでしっかりと味をなじませておきます。

材料（2人分）

そうめん —— 3束
まぐろの刺身 —— 140g
A｜白ごま —— 適量
　｜しょうゆ、みりん —— 各大さじ2
　｜オリーブオイル —— 大さじ1
　｜わさび —— 小さじ1/4
アボカド —— 1個
レモンの絞り汁 —— 小さじ2
B｜サニーレタス、にんにくチップ
　｜ —— 各適量
　｜レモン（半月切り）—— 4枚
細ねぎ —— 適宜

作り方

1　まぐろは1cm角に切り、混ぜ合わせたAをからめて約5分冷やす。

2　アボカドはぐるりと切り込みを入れて半分に分け、種を除いて皮をむき、1cm角に切ってレモンの絞り汁をからめる。

3　そうめんは表示通りにゆでてざるにあげ、流水でよくもみ洗いし、水けをきって器に盛る。

4　3に、2とBを添え、1を汁ごとのせ、好みで細ねぎを飾る。

45

切ってのせるだけ
ドレッシングでさっぱりおいしい

冷

# しめサバとオニオンスライスの
# サラダそうめん

材料（2人分）

そうめん —— 3束
しめサバ —— 10切れ（約50g）
玉ねぎ —— 1/4個
三つ葉 —— 6本
A｜ フレンチドレッシング（市販）、
　｜ レモンの絞り汁 —— 各大さじ3

作り方

1　玉ねぎは縦薄切りにし、水にさらして水けをきる。三つ葉はざく切りにする。

2　そうめんは表示通りにゆでてざるにあげ、流水でよくもみ洗いし、水けをきってボウルに入れる。

3　2に1、しめサバ、混ぜ合わせたAの半量を加えてさっと混ぜ、器に盛る。残りのAをかけていただく。

材料（2人分）

そうめん —— 3束
かまぼこ —— 2cm分
細ねぎ —— 適量
温泉卵（市販・たれ付属）—— 2個
揚げ玉 —— 適量
A｜温泉卵の付属のたれ —— 2袋
　｜しょうゆ —— 大さじ2
　｜砂糖 —— 小さじ2

作り方

**1** かまぼこは5mm厚さに切り、細ねぎは斜め
　　薄切りにする。

**2** そうめんは表示通りにゆでてざるにあげ、
　　流水でよくもみ洗いする。水けをきって器に
　　盛り、**1**、温泉卵、揚げ玉をのせる。

**3** 小鍋にAを入れて中火にかけ、軽く煮詰め
　　て**2**にかける。温泉卵をくずしながらいただ
　　く。

とろ〜り黄身とサクサク揚げ玉の食感が◎

# 温玉甘辛混ぜめん

メモ

温泉卵の添付のたれと調味料を合わせ
て軽く煮詰め、濃厚な甘辛たれを作り
ます。揚げ玉で食感とコクをプラス。

冷

# アウトドアそうめん

市販のカップスープなら外でも手軽

## カップスープそうめん

材料（2人分）

そうめん —— 1束
好みのカップスープ（粉末）—— 2袋
牛乳または豆乳（成分無調整）
　　—— 表示の水と同量分
**トッピング**
ツナ缶やブロッコリースーパースプラウト、
　ミニトマトなど —— 適量

作り方

**1** そうめんは表示通りにゆでてざるにあげ、
　流水でよくもみ洗いして水けをきる。

**2** 温めた牛乳または豆乳でカップスープを
　作り、1を加える。好みのトッピングをの
　せる。

## BBQの火で鮭もふっくら
# 鮭のホイル包み
# ぶっかけそうめん

材料（1人分）

そうめん —— 1束
塩鮭 —— 1切れ
玉ねぎ —— 1/4個
スイートコーン（缶詰）—— 大さじ2
A｜めんつゆ（ストレートタイプ）—— 大さじ2
　｜水 —— 大さじ2
パセリ（ドライ）—— 適量

作り方

**1** 塩鮭は3等分に切り、玉ねぎは縦薄切りにする。

**2** アルミホイルに1、コーンをのせ、混ぜ合わせたAをかけて包む。

**3** BBQの網の上に置いて、鮭に火を通す。

**4** そうめんは表示通りにゆでてざるにあげ、流水でよくもみ洗いして水けをきり、器に盛る。3を汁ごとかけ、パセリをふる。

## とろ〜りチーズに辛みがマッチ
# キムチーズ納豆そうめん

材料（1人分）

そうめん —— 1束
キャベツ —— 100g
A｜キムチ鍋の素（市販）—— 1/2カップ
　｜水 —— 1カップ
　｜※使用するキムチの素によって水の量は調整
　｜　する。
ウインナーソーセージ —— 3本
納豆 —— 1パック
カマンベールチーズ —— 30g

作り方

**1** そうめんは表示時間より少し短めにゆでてざるにあげ、流水でよくもみ洗いし、水けをきる。

**2** キャベツはざく切りにする。

**3** メスティン（または小鍋）にAを入れて火にかける。ひと煮立ちしたら2、ウインナーソーセージ、納豆を入れて弱火で煮る。再度煮立ったら、1、チーズを順に加え、チーズがとろりとするまで軽く煮る。

## 缶詰とルゥでスープカレー風に
# サバカレーそうめん

材料（2〜3人分）

そうめん —— 2束
長ねぎ —— 1/2 本
オクラ —— 2本
A｜サバ缶（水煮）—— 1缶（約200g）
　｜しょうが（すりおろし）—— 小さじ1
　｜水 —— 2カップ
カレールゥ —— 1片（約18g）
しょうゆ —— 小さじ2

作り方

1 長ねぎは5mm幅の斜め切りにする。オクラは塩（適量）で板ずりをして、さっと水洗いし、小口切りにする。

2 鍋に1の長ねぎとAを缶汁ごと入れ、火にかける。ひと煮立ちしたら弱火にし、約10分煮る。

3 火を止め、カレールゥを割り入れて混ぜて溶かす。弱火にかけて約5分煮て、しょうゆを加え味をととのえる。

4 そうめんは表示通りにゆでてざるにあげ、流水でよくもみ洗いして水けをきり、器に盛る。3をかけて1のオクラを散らす。

## トマトを加えて爽やかに
# そうめんのすき煮

材料（1人分）

そうめん —— 1束
牛肉（すき焼き用）—— 80g
玉ねぎ —— 1/2 個
トマト（小）—— 1個
A｜すき焼きのたれ（市販）—— 1/2 カップ
　｜水 —— 1カップ
春菊 —— 適量

作り方

1 そうめんは表示時間より少し短めにゆでてざるにあげ、流水でよくもみ洗いし、水けをきる。

2 牛肉は食べやすい大きさに切り、玉ねぎは2cm幅のくし形切りにし、トマトは6等分のくし形切りにする。

3 スキレット（または小鍋）にAを入れて火にかけ、ひと煮立ちしたら2の牛肉と玉ねぎを加える。肉に火が通ったら1、トマトを加えてさっと煮て春菊をのせる。

# 4、にゅうめん

## 体が温まる

心も体もほっと温まる、にゅうめんレシピ。
スープまで残さず
おいしくいただけるものばかりです。

手羽元で手軽に。栄養たっぷりの絶品スープ

温

# 簡単サムゲタン風にゅうめん

材料（2人分）

そうめん ── 2束
鶏手羽元 ── 4本
A｜しょうが（薄切り）── 10g
　｜にんにく ── 2片
　｜長ねぎ（青い部分）── 1本分
　｜塩 ── 少々
　｜水 ── 3カップ
クコの実 ── 10粒
鶏ガラスープの素（顆粒）── 小さじ1
香菜 ── 適量

メモ　韓国では風邪をひいたときに食べ
　　　るサムゲタン。しょうがやクコの実
　　　など、体を温める食材を使います。

作り方

1　鶏肉はざるに入れて熱湯を回しかけ、塩少々
　（分量外）をふる。

2　厚手の鍋に、1、Aを入れて中火にかける。
　ひと煮立ちしたらアクを除き、弱火にして
　20分煮る。クコの実、鶏ガラスープの素を
　加え、味をみて足りなければ塩適量（分量外）
　を加える。

3　そうめんは表示時間より少し短めにゆでて
　ざるにあげ、流水でよくもみ洗いし、水けを
　きる。2に加えて温める。

4　3を器に盛り、香菜をのせる。

クレソンの独特の苦みが牛肉によく合う

# 肉クレソンにゅうめん 温

材料（2人分）

そうめん —— 2束
牛薄切り肉（しゃぶしゃぶ用）—— 150g
クレソン —— 適量
めんつゆ（ストレートタイプ）—— 1カップ
水 —— 2カップ

作り方

1 牛肉は大きければ半分に切り、クレソンは根元のかたい部分を切り落とす。

2 鍋にめんつゆ、水を入れて中火にかけ、沸いたら1の牛肉を1枚ずつ加えて火を通し、引き上げる。アクがあれば除く。

3 そうめんは表示時間より少し短めにゆでてざるにあげ、流水でよくもみ洗いし、水けをきる。2に加えて温める。

4 器に3を盛り、2の牛肉、1のクレソンをのせる。

メモ

市販のうどんスープの素（粉末）を使って作る場合は、うどんスープ2袋（16g）と水2と½カップを合わせます。

あさりの旨みあふれる滋味深い味

# クラムチャウダー風にゅうめん 温

### 材料（2人分）

そうめん —— 2束
あさり水煮缶 —— 1缶（約90g）
玉ねぎ —— 1/2個
にんじん —— 40g
じゃがいも —— 1個（約150g）
バター —— 20g
A｜水 —— 1と1/2カップ
　｜コンソメスープの素（固形）—— 1/2個
牛乳 —— 1と1/2カップ
パセリ（みじん切り）—— 適量

メモ｜バターで野菜を香りよく炒めます。
　　　牛乳は加熱しすぎると分離してしま
　　　うので、温めすぎないよう注意。

### 作り方

1 玉ねぎ、にんじんは粗みじん切りにし、じゃがいもは2cm角に切る。

2 鍋にバターを入れて中火で熱し、1の玉ねぎを加えて炒める。玉ねぎが透き通ってきたらにんじん、じゃがいもを加えてさらに炒める。あさり水煮缶を缶汁ごとと、Aを加えてひと煮立ちしたらふたをし、弱火で10分煮る。牛乳を加え、煮立たせないように温める。

3 そうめんは表示時間より少し短めにゆでてざるにあげ、流水でよくもみ洗いし、水けをきる。2に加えて温める。

4 器に3を盛り、パセリを散らす。

材料（2人分）

そうめん —— 2束
鶏ひき肉 —— 120g
にんじん —— 10g
長ねぎ（青い部分）—— 5cm
長ねぎ（白い部分）—— 10cm
A｜しょうが（すりおろし）—— 小さじ1
　｜酒 —— 小さじ1
　｜塩 —— ふたつまみ
だし汁 —— 3カップ
酒、みりん —— 各小さじ2
塩 —— 適量
七味唐辛子 —— 適宜

作り方

1 にんじん、長ねぎ（青い部分）はみじん切り
にする。長ねぎ（白い部分）は斜め薄切り
にする。

2 ボウルに鶏肉、1のにんじん、長ねぎ（青い
部分）、Aを入れてよく練り混ぜる。

3 鍋にだし汁を入れて中火にかけ、沸いたら2
をスプーンを使って3cm大に丸めて加え、
火が通ったら酒、みりん、塩を加えて味をと
とのえる。1の長ねぎ（白い部分）を加える。

4 そうめんは表示時間より少し短めにゆでて
ざるにあげ、流水でよくもみ洗いし、水けを
きる。3に加えて温める。

5 4を器に盛り、好みで七味唐辛子をふる。

メモ

意外と鶏ひき肉は火の
通りが早いので、肉と
野菜を手軽にバランス
よく食べたいときにお
すすめです。

しょうがが香るふわふわ鶏だんご

温

鶏だんごにゅうめん

材料（2人分）

そうめん —— 2束
ウインナーソーセージ —— 4本
まいたけ —— 80g
さやいんげん —— 2本
バター —— 20g
水 —— 1カップ
豆乳（成分無調整）—— 2カップ
白みそ —— 小さじ1
パルメザンチーズ（粉末）—— 小さじ2
塩 —— 少々

作り方

1 ウインナーは斜め3等分に切り、まいたけは
小房に分ける。さやいんげんはすじを除き、
2cm長さに切る。

2 鍋にバターを入れて中火で熱し、1のウイン
ナー、まいたけを加えて炒め、水を加える。
ふたをして弱火で5分煮る。

3 2に豆乳を加え、煮立たせないように弱火
で温め、白みそを溶き入れる。パルメザン
チーズ、塩を加えて味をととのえる。

4 そうめんは表示時間より少し短めにゆでて
ざるにあげ、流水でよくもみ洗いし、水けを
きる。3にさやいんげんとともに加え、温める。

5 器に4を盛る。

ウインナーときのこの
豆乳スープにゅうめん

白みそを入れることでまろやかに

温

温

焼肉のたれで手軽に本格的な味に早変わり

# 麻婆にゅうめん

### 材料（2人分）

そうめん —— 2束
木綿豆腐 —— 200g
長ねぎ —— 1/2 本
豚ひき肉 —— 80g
A｜ にんにく（すりおろし）、
　｜　　しょうが（すりおろし）—— 各小さじ 1/4
　｜ みそ、焼肉のたれ（市販）—— 各大さじ 1
　｜ 豆板醤 —— 小さじ 1
　｜ 水 —— 大さじ 2
めんつゆ（ストレートタイプ）—— 1カップ
水 —— 2カップ

メモ　隠し味の焼肉のたれが、味に奥行き
　　　を出してくれます。電子レンジで加熱
　　　するので失敗知らずです。

作り方

1　豆腐はキッチンペーパーに包んで耐熱皿にの
　　せ、電子レンジで1分加熱し、2cm角に切る。

2　長ねぎは5cm長さに切り、縦に切り込みを
　　入れて芯の部分を取り出し、みじん切りに
　　する。外側の部分はせん切りにして白髪ね
　　ぎを作る。

3　深めの耐熱皿にA、2の長ねぎのみじん切
　　り、豚ひき肉を入れてゴムベラでよく混ぜ合
　　わせる。平らにならしてふわりとラップをし、
　　電子レンジで3分加熱する。軽く混ぜて平
　　らにならして1の豆腐をのせ、再度ラップを
　　して電子レンジで3分加熱する。取り出して
　　上下を返すように混ぜる。

4　鍋にめんつゆ、水を入れて中火で温める、

5　そうめんは表示時間より少し短めにゆでて
　　ざるにあげ、流水でよくもみ洗いし、水けを
　　きる。4に加えて温めて器に盛る。3をかけ、
　　2の白髪ねぎをのせる。

まるで居酒屋メニュー
ぷるんとした牛すじが絶品

# 牛すじにゅうめん

温

メモ ──

おでんの季節になると
スーパーでも見かける
ようになる下ゆで済み
の牛すじ肉を使って作
りましょう。

## 材料（2人分）

そうめん ── 2束
牛すじ（ゆでてあるもの）── 150g
A｜しょうゆ、砂糖 ── 各小さじ2
細ねぎ ── 2本
めんつゆ（ストレートタイプ）── 1カップ
水 ── 1カップ
七味唐辛子 ── 適宜

## 作り方

1 牛すじはざるに入れてさっと洗う。鍋に入れて水1カップ（分量外）を入れ、煮立ったらAを加えてふたをし、弱火で約5分煮る。

2 1にめんつゆ、水を加えて中火で温める。

3 細ねぎは3cm長さに切る。

4 そうめんは表示時間より少し短めにゆでてざるにあげ、流水でよくもみ洗いし、水けをきる。2に、3とともに加え、温める。

5 器に4を盛り、好みで七味唐辛子をふる。

ベトナムのめん料理をそうめんでアレンジ

# 鶏肉のフォー風にゅうめん 温

### 材料 ( 2人分)

そうめん —— 2束
鶏ささみ肉 —— 2本
紫玉ねぎ —— 1/8 個
もやし —— 100g
A｜鶏ガラスープの素 (顆粒) —— 小さじ2
　｜ナンプラー —— 大さじ1
ライム (くし形切り) —— 2切れ
香菜 —— 適量
水 —— 3カップ
スイートチリソース —— 適量

メモ　ナンプラーの旨みとライムの酸味が
　　　特徴のフォーに、スイートチリソース
　　　でパンチをきかせて飽きない味に。

### 作り方

1 紫玉ねぎは縦薄切りにする。鶏肉は1cm厚
　さのそぎ切りにする。

2 鍋に水を入れて中火にかけ、沸いたら1の
　鶏肉、もやしを入れて弱火にし、火を通す。
　アクを除き、Aを加えて味をととのえる。

3 そうめんは表示時間より少し短めにゆでて
　ざるにあげ、流水でよくもみ洗いし、水けを
　きる。2に加えて温める。

4 器に3を盛り、鶏肉にスイートチリソースを
　かけ、1の紫玉ねぎ、ライム、香菜をのせる。

子どもに人気のみそバター味

# 貝柱とコーンの
# みそにゅうめん

材料（2人分）

そうめん —— 2束
ホタテの貝柱 —— 6個
水菜 —— 30g
スイートコーン（缶詰）—— 30g
だし汁 —— 3カップ
みそ —— 大さじ2
溶かしバター —— 10g

作り方

**1** 水菜はざく切りにする。

**2** 小鍋にだし汁を入れて中火にかけ、沸いたら火を弱めてみそを溶き入れる。

**3** そうめんは表示時間より少し短めにゆでてざるにあげ、流水でよくもみ洗いし、水けをきる。**2**に貝柱とともに加え、温まったら**1**の水菜も加える。

**4** 器に**3**を盛り、コーンをのせ、溶かしバターをかける。

メモ

好相性のみそ×バターに、貝柱とコーンを合わせて口いっぱいに甘みが広がる贅沢な一品に仕上げました。

ベーコンと野菜のおいしさが一体になったごちそう

# ポトフにゅうめん 温

## 材料 (2人分)

そうめん —— 2束
ベーコンブロック —— 100g
セロリ —— 1/2 本
にんじん —— 1/3 本
A | コンソメスープの素（固形）—— 1個
  | 水 —— 3カップ
塩 —— 適量
セロリの葉（飾り用）、粗びき黒こしょう
    —— 各適量

メモ　野菜はごろっと大きく切って、ボリュームを出します。ベーコンの旨みが野菜に移るまでコトコト煮ましょう。

## 作り方

1 ベーコンブロックは 1cm厚さに切り、セロリは長さを4等分にし、にんじんは縦4等分に切る。

2 厚手の鍋に1、Aを入れて中火にかける。ふたをしてにんじんに火が通るまで弱火で煮込み、塩で味をととのえる。

3 そうめんは表示時間より少し短めにゆでてざるにあげ、流水でよくもみ洗いし、水けをきる。2に加えて温める。

4 器に3を盛り、セロリの葉を飾って黒こしょうをふる。

材料（2人分）

そうめん ── 2束

ちくわ ── 2本

A｜小麦粉 ── 大さじ3
　｜水 ── 大さじ3

サラダ油 ── 適量

細ねぎ（小口切り）、しょうが（すりおろし）
　── 各適量

すだち（輪切り）── 2切れ

めんつゆ（ストレートタイプ）── 1カップ

水 ── 2カップ

作り方

1 ちくわは長さを半分に切ってから、斜め半分に切る。

2 ボウルにAを入れてよく混ぜ、1を加えて全体にからめる。

3 フライパンにサラダ油を高さ2cmになるように注いで中火にかける。2をこんがりと揚げ焼きにして、油をきる。

4 鍋にめんつゆ、水を入れて中火で温める。

5 そうめんは表示時間より少し短めにゆでてざるにあげ、流水でよくもみ洗いし、水けをきる。4に加えて温める。

6 器に5を盛り、3、しょうが、すだちをのせ、細ねぎを散らす。

メモ　定番トッピング、ちくわ天を主役に。フライパンを使えば、少ない油でカリッと手軽に揚げられます。

ちくわ天にゅうめん

すだちの酸味でキリッと引き締める

温

納豆と大根おろしがめんにほどよくからみます

## 納豆おろしにゅうめん

温

材料（2人分）

そうめん —— 2束
納豆（たれ・からし付属）—— 2パック
大根おろし —— 200g
めんつゆ（ストレートタイプ）—— 1カップ
水 —— 1カップ
貝割れ大根 —— 適量

作り方

1　納豆は常温に戻して、付属のたれを加え、
　　混ぜる。

2　鍋にめんつゆ、水を入れて中火で温める。

3　そうめんは表示時間より少し短めにゆでて
　　ざるにあげ、流水でよくもみ洗いし、水けを
　　きる。2に大根おろしとともに加え、温める。

4　器に3を盛り、1をのせて貝割れ大根を散ら
　　す。好みで付属のからしを添える。

メモ

大根の汁にも栄養がたくさん含まれて
いるので、大根おろしは汁けをきらず、
たっぷりといただきましょう。

# そうめん弁当

卵でとじれば、ぱくっと手でつまんで食べられます

## オムレツそうめん弁当

### 材料(1人分)

そうめん —— 1束
豚こま切れ肉 —— 80g
パプリカ(好みのもの2色) —— 各1/8個
卵 —— 1個
サラダ油 —— 小さじ3
鶏ガラスープの素(顆粒) —— 小さじ1
**付け合わせの野菜**
スナップエンドウ、かぼちゃ(くし形切り)、
　　まいたけ —— 各適量

### 作り方

1 豚肉は一口大に切り、パプリカは1cm角に切る。

2 そうめんは表示通りにゆでてざるにあげ、流水でよくもみ洗いして水けをきる。

3 フライパンにサラダ油小さじ1を中火で熱し、付け合わせの野菜を焼いて取り出し、塩少々(分量外)をふっておく。

4 3のフライパンにサラダ油小さじ1を追加し、1を入れて炒める。肉の色が変わったら2を加えて炒め、鶏ガラスープの素を加えて、味をととのえる。

5 ボウルに卵を溶きほぐして4を加え、全体を混ぜる。

6 フライパンにサラダ油小さじ1を中火で熱し、5を流し入れて丸く形を整える。火を弱めて上下を返し、両面に焼き色がついたら4等分に切って弁当箱に詰め、3の野菜をバランスよく詰める。

## ドレッシングは食べる直前にかけて
# ヘルシーサラダそうめん

材料（1人分）

そうめん —— 1束
ブロッコリー —— 30g
にんじん —— 30g
ハーブ入りウインナー —— 2本
オリーブオイル —— 小さじ2
好みのドレッシング（市販）—— 適量

作り方

**1** ブロッコリーは小房に分けてから小さめに切り、にんじんは5mm厚さの半月切りにし、ウインナーは4〜5等分に切って、それぞれゆでる。

**2** そうめんは表示通りにゆでてざるにあげ、流水でよくもみ洗いして水けをきり、ボウルに入れる。

**3** 2に1、オリーブオイルを加えてさっくり和えて、弁当箱に詰める。食べる直前に市販のドレッシングをかける。

## 甘じょっぱい肉でくるっと巻いて
# 肉巻きそうめん弁当

材料（1人分）

そうめん —— 1束
みょうが（みじん切り）—— 1/2 本分
大葉（みじん切り）—— 1枚分
豚肩ロース肉（しゃぶしゃぶ用）—— 6枚
小麦粉 —— 適量
A｜しょうゆ、みりん —— 各大さじ1
白いりごま —— 適量
レタス、ミニトマト、紫キャベツのマリネ
　　—— 各適量

作り方

**1** そうめんは表示通りにゆでてざるにあげ、流水でよくもみ洗いして水けをきり、ボウルに入れる。みょうが、大葉を加えて混ぜる。

**2** 豚肉2枚を少し重なるようにして広げ、小麦粉を茶こしでふりかける。1の1/3量をのせ、肉を全体にかぶせるように包む。残りも同様に包む。

**3** テフロン加工のフライパンに2の巻き終わりを下にしてのせ、中火にかけて、上下を返しながら焼く。全体に焼き色がついたら混ぜ合わせたAをかけてからめ、白ごまをふる。

**4** レタスを敷いた弁当箱に、3を盛り、ミニトマト、紫キャベツのマリネをバランスよく詰める。

## 手まり寿司のようなかわいいルックス
# 鮭フレークそうめん弁当

材料（1人分）

そうめん —— 1束
鮭フレーク（市販）—— 適量
A | 溶き卵 —— 1/2個分
　| 塩 —— 適量
さやいんげん —— 1本
しょうが（みじん切り）—— 少々
めんつゆ（ストレートタイプ）—— 適量

作り方

**1** 鍋にAを入れて弱火で熱し、菜箸を2〜
3本使って混ぜながら火を通して炒り卵
を作る。

**2** さやいんげんは水にくぐらせ、ラップに包
んで電子レンジで約20秒加熱し、冷水
にとる。冷めたら水けをしっかり拭いて
斜め6等分に切る。

**3** そうめんは表示通りにゆでてざるにあげ、
流水でよくもみ洗いして水けをきる。

**4** 弁当箱に**3**をフォークを使って一口サイズ
になるよう盛り付ける。鮭フレーク、**1**を
それぞれのせ、**2**をのせる。しょうがとめ
んつゆを合わせて密閉容器に入れる。

## あっさり味のささみに梅干しがアクセント
# 鶏ささみの梅風味弁当

材料（1人分）

そうめん —— 1束
鶏ささみ肉 —— 1本
グリーンアスパラガス —— 1本
梅干し —— 1個
白いりごま —— 適量
酒 —— 小さじ1
塩 —— ひとつまみ
めんつゆ（ストレートタイプ）—— 適量

作り方

**1** 耐熱皿に鶏肉を入れて酒、塩をふり、ふ
んわりとラップをかけて電子レンジで1分
加熱する。粗熱がとれたら適当な大きさ
に手でさく。

**2** グリーンアスパラガスは水にくぐらせ、ラ
ップに包んで電子レンジで30秒加熱し、
冷水にとる。冷めたら水けをしっかり拭
いて5mm幅の斜め切りにする。

**3** 梅干しは種を除いて小さくちぎり、ボウ
ルに入れ、**1**、**2**、白ごまを入れて和える。

**4** そうめんは表示通りにゆでてざるにあげ、
流水でよくもみ洗いして水けをきる。

**5** 弁当に**4**を盛り、**3**をのせる。めんつゆ
を別の容器に入れる。

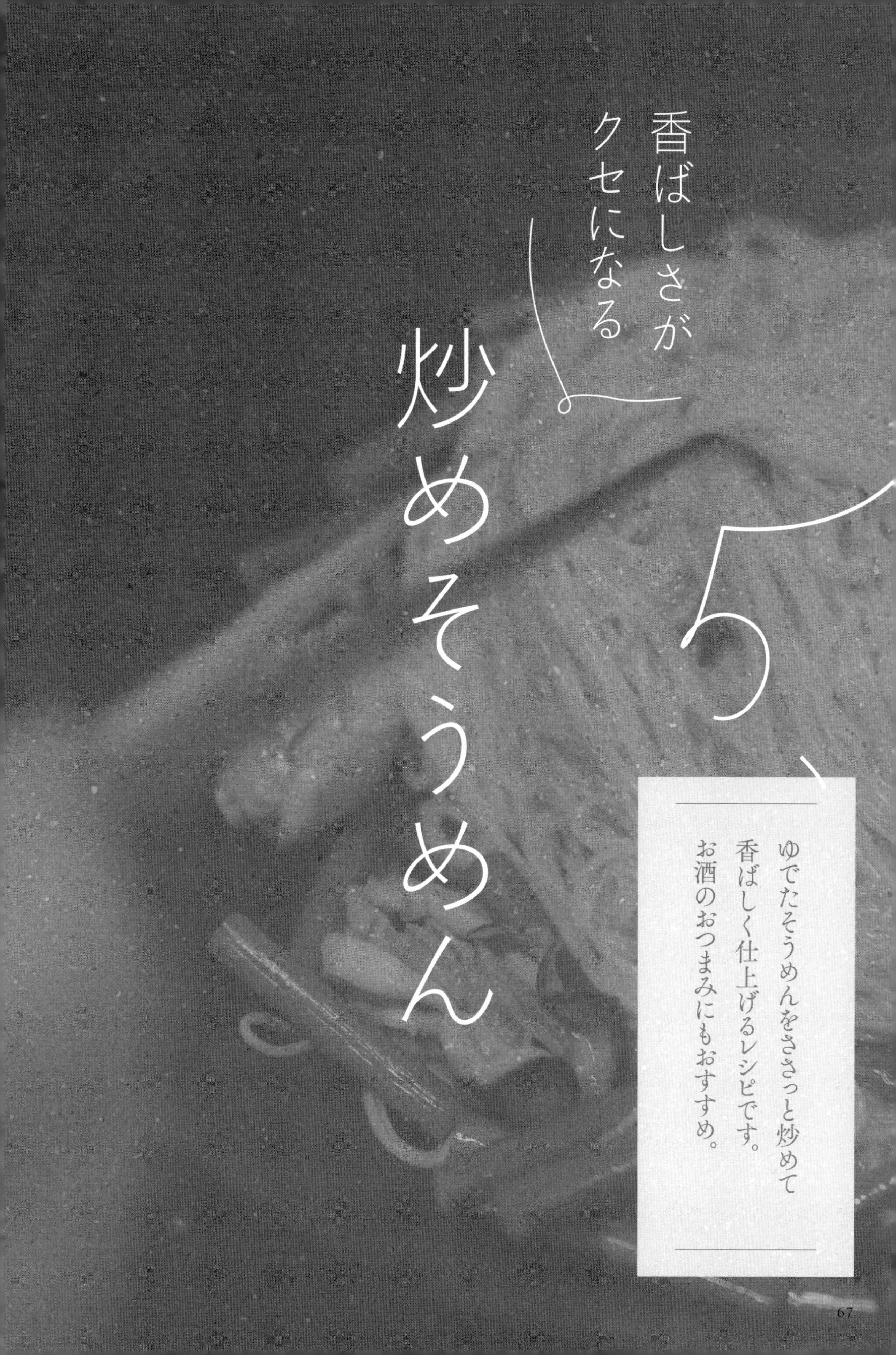

香ばしさがクセになる

5、炒めそうめん

ゆでたそうめんをささっと炒めて
香ばしく仕上げるレシピです。
お酒のおつまみにもおすすめ。

67

ケチャップで簡単
甘辛焼きそば風

# ミーゴレン風そうめん 温

材料（2人分）

そうめん —— 2束
海老 —— 6尾
玉ねぎ —— 1/2個
ピーマン —— 1個
にんにく（みじん切り）—— 1/2片分
A　トマトケチャップ、
　　めんつゆ（ストレートタイプ）
　　　—— 各大さじ2
　　ナンプラー、オイスターソース
　　　—— 各小さじ2
サラダ油 —— 小さじ2
塩 —— ひとつまみ
こしょう —— 少々

作り方

**1** 海老は殻をむいて背ワタを除き、塩少々（分量外）をふって約5分おき、さっと洗う。玉ねぎ、ピーマンは細切りにする。

**2** そうめんは表示時間より少し短めにゆでてざるにあげ、流水でよくもみ洗いし、水気をきる。

**3** フライパンにサラダ油、にんにくを入れて中火にかけ、香りが立ってきたら**1**を加えて海老に火が通るまで炒める。混ぜ合わせたAを加えて全体にからめる。**2**を加えて手早く炒め、塩、こしょうをふって味をととのえる。

**メモ** インドネシアの郷土料理をそうめんで手軽に。ケチャップの甘みとナンプラーの塩けで甘辛く仕上げます。

68

材料（2人分）

そうめん —— 2束
にんじん —— 1/2 本
魚肉ソーセージ —— 1本
卵 —— 1個
塩 —— ひとつまみ
めんつゆ（ストレートタイプ）—— 大さじ3
ごま油 —— 小さじ2

メモ　にんじんと炒り卵で作る、沖縄料理。
　　　炒めることでにんじんの甘みがより引
　　　き立ち、だしの香りとよく合います。

作り方

1　にんじんはせん切りにし、ソーセージは斜
　　め5mm厚さに切る。ボウルに卵を溶きほぐし、
　　塩を加え、混ぜ合わせる。

2　そうめんは表示時間より少し短めにゆでてざ
　　るにあげ、流水でよくもみ洗いし、水気をきる。

3　フライパンにごま油小さじ1を入れて中火で
　　熱し、1の卵を流し入れて炒り卵を作り、一
　　度取り出す。

4　3のフライパンにごま油小さじ1を追加し、1
　　のにんじん、ソーセージを加えて炒める。
　　にんじんがしんなりしたら、2とめんつゆを
　　を加えて手早く炒め、3の卵を戻し入れて
　　全体にからめる。

温

にんじんしりしりそうめん

ごま油で野菜と卵を香りよく炒めます

燻製が香るいぶりがっこが主役

# いぶりがっこの炒めそうめん 温

材料（2人分）

そうめん —— 2束
ゆでタコ —— 60g
いぶりがっこ —— 80g
長ねぎ（白い部分）—— 1/2本
オリーブオイル —— 小さじ2
酒 —— 大さじ1
粗びき黒こしょう —— 適量

メモ　いぶりがっこの豊かな燻製の香りを楽しみたいから、味付けはごくシンプルに。小気味よいタコの食感も◎。

作り方

1　タコは5mm厚さに切る。いぶりがっこは5mm厚さの半月切りにし、長ねぎは1cm幅の斜め切りにする。

2　そうめんは表示時間より少し短めにゆでてざるにあげ、流水でよくもみ洗いし、水気をきる。

3　フライパンにオリーブオイルを中火で熱し、1の長ねぎ、いぶりがっこ、タコを順に入れてさっと炒める。酒を加えてさっと炒め、2を加えて手早く炒める。

4　器に3を盛り、オリーブオイル適量（分量外）を回しかけて黒こしょうをふる。

温

チリパウダーで香り豊か & 本格的な味わいに

# メキシカン炒めそうめん

メモ

チリパウダーは、唐辛子、オレガノ、パプリカなどが合わさったミックススパイス。ひき肉料理によく合います。

材料 (2人分)

そうめん —— 2束
牛ひき肉 —— 80g
玉ねぎ —— 1/2個
トマト (小) —— 1個
ピーマン —— 1/2個
サラダ油 —— 小さじ2
A | 白ワイン —— 大さじ1
　 | 塩 —— 小さじ1/4
　 | チリパウダー —— 小さじ1/4
リーフレタス —— 適量
シュレッドチーズ —— 30g
チリパウダー (仕上げ用) —— 適量

作り方

1　玉ねぎはみじん切りにし、トマトは1cm角に切る。ピーマンは粗みじん切りにする。

2　そうめんは表示時間より少し短めにゆでてざるにあげ、流水でよくもみ洗いし、水気をきる。

3　フライパンにサラダ油を中火で熱し、1の玉ねぎを入れて炒める。玉ねぎが透き通ってきたら牛肉を加え、肉の色が変わったらAを順に加えて炒める。2を加え手早く炒める。

4　器にレタスとともに3を盛り、1のトマト、ピーマン、シュレッドチーズを添え、チリパウダーをふる。

レタスのフレッシュな
食感をいかします

# レタスカニカマ
# チャンプルそうめん

温

メモ

火を止めてからレタスを
加えて、シャキッとした
食感を楽しんで。カニ風
味かまぼことの色の組み
合わせも美しい。

材料（2人分）

そうめん —— 2束
レタス —— 2枚
カニ風味かまぼこ —— 40g
しょうが（みじん切り）—— 5g
サラダ油 —— 大さじ1
A｜鶏ガラスープの素（顆粒）—— 小さじ1
　｜水 —— 大さじ2
塩、こしょう —— 各少々

作り方

1　レタスは手で細かくちぎり、カニ風味かまぼ
　　こは長さを2〜3等分に切る。

2　そうめんは表示時間より少し短めにゆでて
　　ざるにあげ、流水でよくもみ洗いし、水気を
　　きる。

3　フライパンにサラダ油を中火で熱し、しょう
　　がを加え、香りが立ってきたらカニ風味かま
　　ぼこ、2、混ぜ合わせたAを加えて手早く
　　炒める。火を止めてレタスを加えて混ぜ、塩、
　　こしょうで味をととのえる。

## カキのバターしょうゆそうめん

カキとバター。嬉しい鉄板の組み合わせ

温

材料（2人分）

そうめん —— 2束
カキ —— 160g
A｜塩 —— 小さじ1
　｜片栗粉 —— 大さじ1
にんにくの芽 —— 6本
バター —— 20g
白ワイン —— 大さじ2
しょうゆ —— 大さじ1
パプリカパウダー —— 適量

メモ　カキは火を通しすぎるとかたく縮んでしまうので注意。仕上げのパプリカパウダーで彩りと香りをプラス。

作り方

1　ボウルにカキ、Aを入れて軽くもむ。何度か水を替えて水がきれいになるまで洗い流し、キッチンペーパーで水気を拭く。にんにくの芽は2cm長さに切る。

2　そうめんは表示時間より少し短めにゆでてざるにあげ、流水でよくもみ洗いし、水気をきる。

3　フライパンにバターを入れて中火で熱し、溶け始めたら1を加えて炒める。火が通ったら、白ワイン、しょうゆを加えて全体にからめる。2を加えて手早く炒める。

4　器に3を盛り、パプリカパウダーをふる。

地中海生まれの調味料「ハリッサ」で味付け

# トマト炒めそうめん
# ハリッサ風味

材料（2人分）

そうめん —— 2束
トマト —— 1個
ベーコンブロック —— 40g
枝豆（さやつき）—— 100g
オリーブオイル —— 大さじ1
A｜白ワイン —— 大さじ1
　｜ハリッサ —— 小さじ1
　｜パルメザンチーズ（粉末）—— 小さじ2
　｜塩 —— 小さじ1/4

**下準備** ——————————

枝豆はゆでてさやから出しておく。

作り方

1　トマトは小さめの乱切りにし、ベーコンは5mm角の棒状に切る。

2　そうめんは表示時間より少し短めにゆでてざるにあげ、流水でよくもみ洗いし、水気をきる。

3　フライパンにオリーブオイル、1のベーコンを入れて弱火にかける。ベーコンから脂が出てきたらトマト、Aを加えて中火にし、約1分炒める。

4　3に2、枝豆を加えて手早く炒める。

豚肉の脂で具材を炒めて旨みをまとわせます

# カリカリ梅と豚肉の炒めそうめん

材料（2人分）

そうめん —— 2束
豚バラ薄切り肉 —— 100g
カリカリ梅 —— 5個
クレソン —— 5〜6本
A｜めんつゆ（ストレートタイプ）—— 大さじ2
　｜酒 —— 大さじ1

メモ｜カリカリ梅の酸味と食感が豚肉の
　　　旨みをまとっためんのおいしさを引
　　　き立てます。クレソンの苦みもクセに。

作り方

1　豚肉は6cm幅に切り、梅は種を除いて小さく切る。クレソンは根元を切り落とし、食べやすい長さに手でちぎる。

2　そうめんは表示時間より少し短めにゆでてざるにあげ、流水でよくもみ洗いし、水気をきる。

3　テフロン加工のフライパンに1の豚肉を入れて中火にかけ、脂が出てきたら2、1の梅、クレソンを加えて手早く炒め、Aを加えて全体にからめる。

牛肉とパプリカの炒めそうめん

焼肉のたれでパンチをきかせて

材料（2人分）

そうめん —— 2束
牛肉（焼肉用）—— 120g
赤パプリカ —— 1/2個
サラダ油 —— 小さじ2
A 酒 —— 大さじ2
　 焼肉のたれ（市販）—— 大さじ3
サニーレタス —— 適量

作り方

1　牛肉、パプリカは1cm幅に切る。

2　そうめんは表示時間より少し短めにゆでてざるにあげ、流水でよくもみ洗いし、水気をきる。

3　フライパンにサラダ油を中火で熱し、1を入れて炒める。肉の色が変わってきたらAを順に加えて炒め、2を加えて手早く炒める。

4　器にサニーレタスを敷き、3を盛る。

メモ

市販の焼肉のたれは食べ応えのある味わいに仕上がるので重宝します。肉だけでなく野菜とも相性抜群です。

材料（2人分）

そうめん —— 2束
鶏もも肉 —— 200g
にんじん —— 40g
ニラ —— 2〜3本
A｜コチュジャン —— 大さじ1
　｜粉唐辛子 —— 少々
　｜みりん、しょうゆ —— 各大さじ1/2
　｜酒 —— 大さじ2

メモ 韓国で人気のインスタント麺「ブルダック」をアレンジ。コチュジャンと粉唐辛子であとをひくおいしさに。

韓国スタイルの炒めめん

ブルダック
炒めそうめん

作り方

1 鶏肉は一口大に切る。ボウルにAを順に入れて混ぜ合わせ、鶏肉を入れてもみ込み、そのまま約10分おく。

2 にんじんは5mm厚さのいちょう切り、ニラは5mm幅に切る。

3 そうめんは表示時間より少し短めにゆでてざるにあげ、流水でよくもみ洗いし、水気をきる。

4 テフロン加工のフライパンを弱火にかけ、汁けを軽くきった1を皮目を下にして並べ入れる（漬け汁はとっておく）。ふたをしてじっくり焼き、しっかり焼き色がついたら上下を返し、再度ふたをして蒸し焼きにする。

5 鶏肉に火が通ったら中火にし、2のにんじん、とっておいた漬け汁を加えて炒める。3を加え、手早く炒める。

6 器に5を盛り、2のニラを散らす。

シンプルだからこそしみじみおいしい

# オイルサーディンの
# ペペロンチーノそうめん

材料（2人分）

そうめん —— 2束
オイルサーディン（缶詰）—— 1缶（約110g）
キャベツ —— 2枚
にんにく（薄切り）—— 1片分
赤唐辛子 —— 1本
塩 —— 少々
イタリアンパセリ（粗みじん切り）—— 適量

メモ | オイルサーディンの缶汁（油）でキャベツを炒めるのがコツ。にんにくの香りが食材それぞれの味をまとめます。

作り方

**1** キャベツは3cm角に切る。

**2** そうめんは表示時間より少し短めにゆでてざるにあげ、流水でよくもみ洗いし、水気をきる。

**3** フライパンにオイルサーディンの缶汁を先に入れ、にんにくを加えて弱火にかける。香りが立ってきたら**1**、赤唐辛子、塩を加えて炒める。キャベツがしんなりとしてきたら**2**、オイルサーディンを加えて手早く炒める。

**4** 器に**3**を盛り、イタリアンパセリを散らす。

# 6、

## 可能性広がる 変わりそうめん

ガレットやラザニア、お寿司まで。
そうめんの新たな魅力が見つかります。

そうめんを華やかなホームパーティフードに

# サムギョプサル風そうめん 冷

## 材料（作りやすい分量）

そうめん —— 2〜3束
豚バラ肉（焼肉用）—— 180g
豆もやし —— 80g
長ねぎ —— 10cm
にんじん —— 1/4本
サンチュ、白菜キムチ、オイキムチ、
　サムジャン※、香菜 —— 各適量
※サムジャンが手に入らない場合はコチュジャンと
みそを2：1ぐらいで混ぜたもので代用する。

## 作り方

1 豆もやしはひげ根を除いてさっとゆでる。長
　ねぎ、にんじんはせん切りにする。

2 そうめんは表示通りにゆでてざるにあげ、流
　水でよくもみ洗いし、水けをきる。食べやす
　いようにフォークを使って巻き、器に盛る。

3 テフロン加工のフライパンに豚肉を入れて
　中火で両面をこんがり焼き、器に盛る。サ
　ンチュや白菜キムチなども同様に器に盛る。

4 サンチュに肉、そうめん、野菜、キムチや
　サムジャンをのせて包んでいただく。

メモ　焼いた豚肉やサンチュ、そしてキム
　　　チなどとそうめんを一緒にどうぞ。家
　　　に余っている食材と合わせてもOK。

まるでフレンチのような
美しいルックスに仕立てます

# 生ハムとアボカドの
# そうめんケーキ仕立て

冷

材料（直径 12cm のセルクル1台分）

そうめん —— 2束
生ハム —— 2枚
アボカド —— 1個
レモンの絞り汁 —— 小さじ2
レモンの皮（細切り）—— 適量
A｜マヨネーズ —— 大さじ1
　｜粒マスタード —— 大さじ1/2
オリーブオイル —— 適量

作り方

**1** アボカドはぐるりと切り込みを入れて半分に分け、種を除いて皮をむき、ボウルに入れる。レモンの絞り汁を加えて、つぶしながら混ぜる。

**2** そうめんは表示通りにゆでてざるにあげ、流水でよくもみ洗いし、水けをきる。

**3** セルクルの内側にオリーブオイルを薄く塗り、器にのせる。2をまんべんなく敷き詰め、平らにならす。混ぜ合わせたAをそうめんの上に塗る。

**4** 3の上に1をのせて平らになるようにならす。生ハムをふんわりとのせ、レモンの皮を飾る。セルクルをそっとはずす。

メモ　そうめんのイメージを変える華やかなメニュー。酸味をきかせたアボカドと生ハムは相性抜群。特別な日に。

カリッと香ばしく、あとをひくおいしさ

# そうめんのガレット

材料 (2人分)

そうめん ―― 1束
溶けるチーズ (シュレッドタイプ) ―― 80g
スモークサーモン ―― 3枚
ベビーリーフ、パルメザンチーズ (粉末)
　―― 各適量
オリーブオイル ―― 小さじ1
バター ―― 20g

メ
モ
小麦粉を使わず、そうめんにチーズ
とオイルを合わせて、バターで香り
豊かにカリッと焼き上げます。

作り方

**1** そうめんは表示通りにゆでてざるにあげ、流水でよくもみ洗いし、水けをきる。ボウルに入れてオリーブオイルを加えて混ぜ、溶けるチーズを加えてさっと混ぜる。

**2** フライパンにバターを入れて中火で熱し、バターが溶け始めたら1を平らに広げ入れる。焼き色がついたら上下を返し、裏面にも焼き色をつける。粗熱がとれたら4等分に切る。

**3** 器に2を盛り、スモークサーモンとベビーリーフをのせ、パルメザンチーズをかける。

温

豆腐を合わせたソースだから軽やか

# 和風そうめんラザニア

材料（作りやすい分量）

そうめん —— 1束
絹ごし豆腐 —— 150g
めんつゆ（ストレートタイプ）—— 小さじ2
ミートソース（市販）—— 100g
溶けるチーズ（シュレッドタイプ）—— 50g
オリーブオイル —— 適量

メモ　パスタで作るイタリアの家庭料理。ラザニア用パスタがなくてもそうめんがあればいつでも手軽に作れます。

作り方

1 ボウルに豆腐を入れてゴムベラなどでつぶし、めんつゆを加えて混ぜ合わせる。

2 そうめんは表示通りにゆでてざるにあげ、流水でよくもみ洗いし、水けをきる。1のボウルに加えて混ぜ合わせる。

3 耐熱皿に薄くオリーブオイルを塗り、2、ミートソース、チーズを半量ずつ順に重ね入れ、残りの半量も同様に重ねる。

4 温めておいたオーブントースターで低めの温度で約5分焼き、温度を上げて表面がこんがりとするまで焼く。

材料（2人分）

そうめん —— 2束
ブロッコリー —— 40g
ロースハム —— 4枚
A｜溶き卵 —— 1個分
　｜塩 —— 少々
レタス、ミニトマト —— 各適量
オリーブオイル —— 適量
トマトケチャップ —— 適宜

作り方

1 そうめんは表示通りにゆでてざるにあげ、流水でよくもみ洗いし、水けをきる。

2 ブロッコリーは小さめの小房に分ける。

3 ボウルにA、1を入れて混ぜる。

4 ホットサンドメーカーにオリーブオイルを塗り、3の半量をのせる。ブロッコリーを並べ入れ、ハムを少しずらしてのせる。その上に残りの3をのせ、ホットサンドメーカーを閉めて中火にかける。1〜2分たったら上下を返す。

5 好みの焼き加減になったら半分に切って器に盛る。レタス、ミニトマトを添え、好みでトマトケチャップをかける。

パンの代わりに
そうめんで具材をサンド

そうめんホットサンド

温

メモ

ホットサンドメーカーにそうめんを入れて焼き固めます。パンよりもっちりするので食べ応えもあり。

## そうめんチヂミ 温

香ばしい干し桜海老が
味に深みを与えます

### 材料（2人分）

そうめん —— 1束
豚バラ薄切り肉 —— 30g
ニラ —— 10g
干し桜海老 —— 5g
A｜小麦粉、片栗粉 —— 各大さじ1と1/2
　｜水 —— 大さじ3
ごま油 —— 大さじ1
B｜ぽん酢しょうゆ、ラー油 —— 各適量

### 作り方

1　そうめんは表示通りにゆでてざるにあげ、流水でよくもみ洗いし、水けをきる。

2　豚肉は3cm幅に切り、ニラは4cm長さに切る。桜海老は粗みじん切りにする。

3　ボウルにAの材料を順に入れてその都度混ぜ合わせる。1、2の桜海老を加えてからめるように混ぜる。2の豚肉、ニラを加えてさっくりと混ぜる。

4　フライパンにごま油大さじ1/2を中火で熱し、3を流し入れて平らにならす。焼き色がついたら上下を返し、残りのごま油を鍋肌から加え、弱火にして裏面もこんがりとするまで焼く。

5　4を一口大に切り、器に盛る。Bを混ぜ合わせ、添える。

メモ　中はもっちり、外はカリッ。そうめんならコツなしで理想の食感に。他の具材でもアレンジ可能なので試してみて。

材料（2個分）

そうめん —— 2束
A｜米酢 —— 大さじ1
　｜砂糖 —— 小さじ2
　｜塩 —— 少々
白いりごま —— 小さじ2
B｜溶き卵 —— 1個分
　｜塩 —— 少々
あなごの蒲焼き —— 2切れ（約20g）
大葉 —— 1枚
三つ葉（さっとゆでておく）—— 2本
ラディッシュ（塩でもんだもの）—— 適量
サラダ油 —— 適量

作り方

1 そうめんは表示通りにゆでてざるにあげ、流水でよくもみ洗いする。氷水にさっとつけ、水けをきる。

2 ボウルにAを入れて混ぜ、1、白ごまを加えて和える。

3 フライパン（直径26cm）にサラダ油を薄く敷いて熱し、混ぜ合わせたBの半量を流し入れて両面を焼き、まな板などに広げて冷ます。残りも同様にして焼く。

4 3が冷めたら、1枚の真ん中にあなご1切れと半分に切った大葉をのせ、その上に2のそうめんの半量をのせて包む。巻き終わりを下にして、三つ葉で結ぶ。残りも同様に作る。

5 器に4を盛り、ラディッシュを添える。

冷

そうめんのふくさ寿司

色鮮やかな薄焼き卵で包んで
食卓に華やぎを添えます

メモ

酢飯の代わりに甘酢で味付けしたそうめんを包みます。冷めてもかたくなりにくいので、持ち寄りメニューに最適。

# スイーツそうめん

そうめんの塩けとチョコが好相性

## そうめんチョコ

材料（作りやすい分量）

そうめん —— 1/2束
板チョコレート（ビター・ミルク・ホワイトなど）
　　—— 30g
サラダ油 —— 適量
**トッピング**
ドライクランベリー（粗みじん切り）、
　ミックスカラースプレーチョコレート、
　くるみ（粗みじん切り）—— 各適量

作り方

**1** そうめんは長さを半分に折る。

**2** フライパンにサラダ油を高さ1cmになるように注ぎ、中火にかける。低温（約150℃）になったら**1**を入れ、混ぜながら揚げ、軽く色づいたら取り出して油をきる。

**3** 板チョコレートはざく切りにする。耐熱ボウルに入れ、電子レンジで1分加熱し、取り出して混ぜながら余熱で溶かす。

**4** **2**のそうめんを何本か束ねてオーブンペーパーの上にのせ、**3**のチョコレートをスプーンですくい、そうめんの上にたらす。好みのトッピングを散らし、固める。

チーズに甘みをオン。ワインにも◎

# ミニクワトロピザ

材料（作りやすい分量）

そうめん ── 1束
溶けるチーズ（シュレッドタイプ） ── 20g
モッツァレラチーズ ── 20g
ゴルゴンゾーラチーズ ── 10g
マヨネーズ ── 大さじ2
オリーブオイル ── 大さじ1/2
**トッピング**
ドライいちじく（薄切り）、いちごジャム、
　はちみつ ── 各適量

作り方

**1** そうめんは表示通りにゆでてざるにあげ、流水でよくもみ洗いして水けをきる。ボウルに入れ、マヨネーズを加えて和える。

**2** フライパンにオリーブオイルを中火で熱し、1を3等分にして入れて丸く形をととのえる。焼き色がついたら上下を返し、裏面にも焼き色がついたら取り出す。

**3** 2にチーズ3種を等分にのせ、温めたオーブントースターでチーズが溶けるまで焼く。

**4** 3に好みのトッピングをそれぞれのせる。

# そうめんにまつわる Q&A

いつもの食生活に欠かせない、そうめん。
普段何気なく食べていますが、実はそうめんについて知らないことも多いもの。
知っておくとためになる疑問についてお答えします。

## Q1 そうめんを よりおいしく保存する ポイントはありますか?

一度に使い切れない場合は、密閉できる容器や袋に入れて保管します。光、匂い、湿気を避けるようにしましょう。流しの下は、湿気がたまるのでおすすめしません。木箱に入っているそうめんの場合も同様に保管するのがおすすめです。

## Q2 そうめんを炒めると べちゃっとしてしまいます。 コツは?

表示されている時間より30秒ほど短めにゆでましょう。流水で洗ってぬめりをとってから炒めます。あらかじめ具材に味付けし、炒め時間はささっと短めにすると、失敗しません。

## Q3 夏バテや疲れたときに そうめんを食べても いいですか?

そうめんは消化がよいので、ゆでたあとにしっかりと流水で洗ってめんのまわりの油や塩分を取れば、胃にあまり負担をかけません。疲れているときは、にゅうめんにして少しやわらかめに煮るのがおすすめです。

## Q4 そうめんは どのように選べば いいですか?

揖保乃糸では、小麦の産地や質、めんの細さ、製造時期などによっていくつかの等級があります。等級によって食感もさまざま。いくつかの種類を買ってゆでてみて、自分好みのものを探すのも楽しいですよ。

## Q5 そうめんを食べるのに 適した季節は ありますか?

そうめんは食欲のないときに食べやすいので夏の食材のイメージがありますが、一年中おいしく味わえます。寒い時期はにゅうめんにしたり、温かな汁と合わせていただきましょう。その時期に旬を迎える食材と合わせても。

# おわりに

「揖保乃糸」は、伝統の手延べ製法を連綿と受け継ぎ守り、
兵庫県播州の地で長い歴史を刻んできた日本で最も有名なそうめんの一つです。
「揖保乃糸」は、2012年より、iTi（国際味覚審査機構）において、
きわめて優秀とされる最優秀味覚賞三つ星を「特級品」が12年連続、
「上級品」は過去8回獲得しています。
また「播州小麦」が「兵庫県認証食品ひょうご推奨ブランド」に、
「縒つむぎ」がひょうご五国（摂津、播磨、但馬、丹波、淡路）の
"地域らしさ"と"新しさ"を兼ね備えた商品として
「五つ星ひょうご」に選定されています。

伝統を受け継ぎつつ、よりおいしいそうめんを作るために
今も日々研鑽を積み、進化し続けています。

そうめんは消化がよく、体にやさしいエネルギー源として、
そして健康作りに欠かせない良質なたんぱく源として、
一年を通しておすすめできる食品です。
またお野菜やお肉、魚介類など、どんな食材とも合わせやすいため、
工夫次第で手軽に栄養バランスのよいメニューを作ることができます。
毎日の食卓をおいしく、健康にするために、
そうめんをよりいっそうお役立ていただければ幸いです。

兵庫県手延素麺協同組合　一同

# 揖保乃糸の商品紹介

揖保乃糸は、手延べそうめんだけではなく、ひやむぎやうどん、パスタなど
さまざまな手延べめんを生産しています。充実したラインナップを紹介します。

そうめん

## 手延べそうめん
## 「揖保乃糸」

伝統の手延べ製法で作られる「揖
保乃糸」の中で最も歴史のあるそ
うめんの名品。

## 手延べそうめん
## 「揖保乃糸」
## 特級品

組合が選抜指定した熟練製造者
が、上質の小麦粉を使って作る「揖
保乃糸」の高級品。

## 手延べそうめん
## 「揖保乃糸」
## 縒つむぎ

国内産小麦だけを使い、もちもち
とした食感と小麦本来の風味をい
かしたそうめん。

## 手延べそうめん
## 「揖保乃糸」
## 太づくり

北海道産小麦を使用。少し太く
仕上げたことで心地よい歯切れを
楽しめる。

## ひやむぎ

手延べひやむぎ
「揖保乃糸」

ひやむぎ専用の小麦粉を使用。つるつるとした食感ともちもちとした歯ごたえが楽しめる。

## 中華麺

手延べ中華麺
「揖保乃糸」
龍の夢

厳選された小麦粉を独自の配合で調整し、伝統の手延べ製法で作られた中華麺。

## うどん

手延べうどん
「揖保乃糸」
聖

やや扁平な形にすることで、ゆで時間を短縮。煮くずれしにくく幅広く使える。

## パスタ

「揖保乃糸」
龍の夢 PASTA

手延べ製法ならではの新たな食感。ゆで時間が2分〜2分半と短く、冷製パスタにもよく合う。

## カップにゅうめん

手延そうめん　　あっさり仕立ての　　とろろ昆布の　　梅しそそうめん
　　　　　　　　　そうめん　　　　　そうめん

「揖保乃糸」の手延べそうめんを使った本格派のカップにゅうめん。どちらも減塩、低脂質でヘルシー。

# 索引

95

STAFF

撮影　上吉川 祐一（薬師山写真館）

レシピ考案・スタイリング　秋田 美佐子（Nature's Calling）

調理補助　大坊 かおり　高井田真弓　藤原小百合

装丁　野本 奈保子（nomo-gram）

編集・文　高田真莉絵

校正　東京出版サービスセンター

編集　森 摩耶（ワニブックス）

# 揖保乃糸　毎日食べたいそうめんレシピ

監修　　兵庫県手延素麺協同組合

2023 年 7 月 15 日　初版発行
2023 年 8 月 20 日　　2 版発行

発行者　横内正昭
編集人　青柳有紀
発行所　株式会社ワニブックス
　　　　〒 150-8482
　　　　東京都渋谷区恵比寿 4-4-9　えびす大黒ビル
　　　　ワニブックス HP　http://www.wani.co.jp/

　　　　お問い合わせはメールで受け付けております。
　　　　ＨＰより「お問い合わせ」へお進みください。
　　　　※内容によりましてはお答えできない場合がございます。

印刷所　凸版印刷株式会社
DTP　　株式会社三協美術
製本所　ナショナル製本

本書に記載されている情報は 2023 年 6 月時点のものです。
掲載されている情報は変更になる場合もございます。